Análise
de Política
Externa

Análise de Política Externa • Haroldo Ramanzini Júnior e Rogério de Souza Farias
Economia política global • Niels Soendergaard
Teoria das Relações Internacionais • Feliciano de Sá Guimarães

Proibida a reprodução total ou parcial em qualquer mídia
sem a autorização escrita da editora.
Os infratores estão sujeitos às penas da lei.

A Editora não é responsável pelo conteúdo deste livro.
Os Autores conhecem os fatos narrados, pelos quais são responsáveis,
assim como se responsabilizam pelos juízos emitidos.

Consulte nosso catálogo completo e últimos lançamentos em **www.editoracontexto.com.br**.

Análise de Política Externa

Haroldo Ramanzini Júnior
Rogério de Souza Farias

Coordenador da coleção
Antônio Carlos Lessa

Copyright © 2021 Haroldo Ramanzini Júnior

Todos os direitos desta edição reservados à
Editora Contexto (Editora Pinsky Ltda.)

Montagem de capa e diagramação
Gustavo S. Vilas Boas

Preparação de textos
Lilian Aquino

Revisão
Bia Mendes

Dados Internacionais de Catalogação na Publicação (CIP)

Ramanzini Júnior, Haroldo
Análise de política externa / Haroldo Ramanzini Júnior, Rogério de Souza Farias. – São Paulo : Contexto, 2021.
144 p. (Coleção Relações Internacionais / coordenador Antônio Carlos Lessa)

Bibliografia
ISBN 978-65-5541-136-2

1. Relações Internacionais 2. Política externa
I. Título II. Farias, Rogério de Souza

21-2981   CDD 327

Angélica Ilacqua CRB-8/7057

Índice para catálogo sistemático:
1. Relações Internacionais

2021

Editora Contexto
Diretor editorial: *Jaime Pinsky*

Rua Dr. José Elias, 520 – Alto da Lapa
05083-030 – São Paulo – SP
pabx: (11) 3832 5838
contexto@editoracontexto.com.br
www.editoracontexto.com.br

Sumário

INTRODUÇÃO 7

O QUE É POLÍTICA EXTERNA? 9
    Evolução da disciplina 12
    A APE no Brasil 14
    Interesse nacional e relação entre academia e governo 26
    O ciclo da política externa (agenda) 28

NÍVEIS DE ANÁLISE E O PAPEL PSICOLÓGICO 35
    O indivíduo 38
    A psicologia da decisão 43
    O papel do líder 46
    Groupthink e *Polythink* 48
    Emoções 51
    Role Theory 52

ANÁLISE DO PROCESSO DECISÓRIO ... 57
Modelo do ator racional ... 58
Processo organizacional ... 60
Política burocrática ... 62
O que afeta o processo decisório? ... 69
Críticas à política burocrática ... 73
Integração de modelos (teoria poli-heurística) ... 74
O ciclo da política externa (implementação) ... 76

NOVAS DIMENSÕES ... 79
Regime político ... 80
Federalismo ... 85
O Judiciário ... 91
O Legislativo ... 93
Opinião pública ... 99
Atores sociais ... 102

MÉTODOS, PREVISÃO E INFLUÊNCIA ... 109
O analista e o esforço preditivo ... 110
O acadêmico e seu método ... 114
Como influenciar a política externa? ... 124

SUGESTÕES DE LEITURA ... 131

BIBLIOGRAFIA ... 137

OS AUTORES ... 143

Introdução

O objetivo deste livro é ser um manual introdutório para a disciplina de Análise de Política Externa (APE), uma porta de entrada para historiadores, cientistas políticos e, principalmente, alunos de graduação em Relações Internacionais conhecerem as teorias e os conceitos mais básicos.

Um dos diferenciais deste volume é o uso de estudos de casos sobre eventos relacionados à História do Brasil para exemplificar e apresentar os limites das mais variadas teorias. Acreditamos ser esse recurso pedagógico importante, principalmente para pessoas não familiarizadas com o tema e que terão o primeiro contato por intermédio deste livro. Notamos, contudo, que os casos são utilizados no contexto do ensino e não reproduzem os consensos e as complexidades historiográficas existentes.

Seguindo a tendência majoritária do campo de conceber a política externa como uma política pública, introduzimos a reflexão sobre a definição de agenda e a implementação da política externa, dimensões não muito comuns em manuais de APE. O mesmo pode ser dito sobre as discussões metodológicas e sobre como influenciar essa política pública. Esperamos que a reflexão dos leitores sobre esses elementos aumente a densidade desses debates.

Para a redação desta obra, utilizamos centenas de livros, artigos, capítulos de livros e outros trabalhos monográficos, como teses de doutorado e dissertações de mestrado. Em decorrência da proposta da coleção, que busca apresentar uma linguagem acessível e textos mais sintéticos, não utilizamos o referenciamento usual de notas de rodapé. Apresentamos, no entanto, na última parte do livro, como "Sugestões de leitura", os principais trabalhos que julgamos importantes para os leitores se aprofundarem.

O que é política externa?

Em setembro de 1807, no Palácio Real de Mafra, reuniu-se o Conselho de Estado da Monarquia portuguesa. Os participantes enfrentavam um dilema no contexto da guerra europeia que contrapunha duas alianças – uma liderada pela França e outra pela Inglaterra. Napoleão Bonaparte, pelo lado francês, ordenara aos portugueses o fechamento dos portos, a declaração de guerra à Inglaterra e o sequestro de bens nacionais do país. Por outro lado, autoridades inglesas haviam deixado claro que a aceitação das demandas francesas ocasionaria a destruição da Marinha portuguesa e a ocupação das colônias. Na reunião, os conselheiros auxiliaram o príncipe regente, Dom João VI, a formular uma reação. A sobrevivência do próprio Estado estava em jogo. Eles acabariam por se alinhar aos ingleses e abandonar a metrópole, transferindo a Corte para o Brasil.

Esse acontecimento, pelas potenciais consequências, é raro nas relações internacionais. Mas decisores, em todas as capitais do mundo, constantemente têm de obter informações sobre ameaças e oportunidades, avaliar as intenções de adversários e aliados e traçar e executar medidas que vão de notas diplomáticas a declarações de guerra – da mesma forma que os portugueses fizeram na crise. Essas são atividades vinculadas à política externa, um domínio particular das políticas públicas dos Estados.

Quem estuda a política externa se interessa sobretudo pela maneira pela qual governos nacionais agem ou deixam de agir com relação a questões internacionais. Em 1807, esse campo poderia ser mais concentrado em questões de guerra e de paz, de matrimônios dinásticos e no que por muito tempo se considerou como a alta política. Isso não quer dizer que outros elementos não eram importantes. A política doméstica e assuntos avaliados como baixa política eram relevantes na medida em que ajudavam a compreender as ramificações externas da ação estatal. Para usar o exemplo de 1807, a apreensão de bens ingleses em território português envolveria a implementação de uma decisão no plano doméstico, mas tanto a origem do problema (pressões do governo francês) como os destinatários da ação das decisões (cidadãos ingleses) tinham ramificações internacionais.

Nos dois séculos seguintes, modificou-se a porosidade entre o interno e o externo. A expressiva elevação de fluxos comerciais, financeiros, materiais e humanos transformou os impactos transfronteiriços de questões nacionais e a própria dimensão do que consideramos política externa. Hoje, quase toda política pública é afetada por questões internacionais. Problemas relacionados a padrões trabalhistas, saúde, direitos humanos, meio ambiente, corrupção, segurança pública, desastres naturais e outros desafios são comumente apreciados segundo suas respectivas implicações internacionais.

Nesse contexto, parte relevante do esforço analítico das diferentes abordagens que estão no guarda-chuva da área de APE consiste em evidenciar como atores e políticas domésticas importam. Isso tornou-se particularmente relevante para entendermos as razões pelas quais países relativamente similares respondem de forma diferente às mesmas condições e constrangimentos internacionais.

Mas o que vem a ser política externa? A comunidade que trabalha com esse conceito há pelo menos 70 anos não oferece uma definição consensual. Como tudo nas ciências sociais, qualquer delineamento é passível de questionamentos. A proposta que formulamos, portanto, serve para os propósitos pedagógicos deste livro. Partimos da premissa que o sistema internacional está dividido em Estados e estes têm, em seus respectivos territórios, o monopólio do uso legítimo da força. O Estado é o foco explicativo da disciplina de APE, que estuda o conjunto de políticas adotadas por um Estado em relação ao mundo exterior.

Uma das diferenças da política externa em relação a outras políticas públicas é o fato de, no âmbito internacional, segundo o jargão especializado, vigorar o princípio da anarquia – nenhum Estado exerce soberania ou está acima dos outros em termos formais. Assim, ao contrário de outras políticas públicas, a política externa lida com o ambiente onde o Estado tem menor capacidade relativa de controle do contexto em que atua.

Outro aspecto particular e algo que iremos detalhar oportunamente é o fato de a APE considerar atribuição de intenções, reações, interesses e até sentimentos aos Estados como uma estratégia de simplificação. Assim, quando afirmamos que a França desejava que Portugal fechasse seus portos a navios ingleses, estamos na verdade indicando que autoridades do governo francês transmitiram tal ordem para autoridades governamentais portuguesas. Desde o início, portanto, o campo privilegiou a premissa que a ação estatal resulta de indivíduos inseridos em organizações políticas ou burocráticas. É por intermédio do estudo desses atores que são ponderados os efeitos de ideias, pressões do sistema internacional e outras variáveis. Há, ademais, grande foco em processos, particularmente aqueles referentes à tomada de decisão, como o que se desenrolou no Palácio Real em Mafra com as autoridades portuguesas em 1807. Isso decorre de uma premissa, muitas vezes não explicitada no campo, de que a política externa, mesmo em Estados autocráticos, é conduzida por mais de um indivíduo.

Devemos salientar, todavia, que, apesar de majoritária, essa é só uma das várias abordagens para a compreensão da política externa dos Estados. Pode-se utilizar, por exemplo, concepções que retiram significativamente o poder de agência do indivíduo ou do Estado na explicação. Teorias lastreadas no determinismo econômico indicam que a ação dos Estados decorre predominantemente da estrutura produtiva doméstica e/ou internacional; outras contribuições consideram que a distribuição do poder no sistema internacional é o elemento explicativo mais importante. Essa diversidade de pontos de vista reflete um debate mais amplo nas ciências sociais sobre se é a agência humana ou as estruturas sociais que determinam a ação individual (debate agente-estrutura). No primeiro caso, privilegia-se a capacidade de indivíduos de agir de forma independente e sem constrangimento no mundo, enquanto, no segundo, arcabouços materiais ou intersubjetivos mais amplos conseguem moldar ou até determinar a ação humana. No capítulo "Níveis de análise e o papel psicológico", aprofundaremos essa discussão. O que precisamos ter em mente, por enquanto, é que a disciplina de APE, ainda que leve em consideração o impacto de forças estruturais sistêmicas, tende a apoiar abordagens teóricas que privilegiam o poder de ação dos decisores.

EVOLUÇÃO DA DISCIPLINA

A APE nasceu na expansão universitária do período após a Segunda Guerra Mundial, notadamente nos Estados Unidos. Podemos dividir as contribuições da disciplina nessa fase em três grandes grupos. O primeiro utilizou a área de Psicologia na compreensão não só de lideranças, mas de pequenos grupos de decisores. No exemplo do nosso capítulo, o objetivo seria examinar o perfil psicológico de Dom João VI e de seus principais assessores. Essa dimensão será o foco do próximo capítulo. O segundo grupo utilizou a literatura sobre processos organizacionais e política burocrática para compreender a política externa. No caso do nosso exemplo, o foco recairia nos procedimentos operacionais das unidades relevantes do

Estado português e na interação política das burocracias durante a crise. O capítulo referente aos níveis de análise e o papel da dimensão psicológica examinará especificamente essa dimensão.

Houve uma terceira tradição da área, decorrente da tentativa de apresentar um viés mais científico pelos padrões da época, escapando de narrativas de casos específicos. Parte do esforço foi definir uma unidade que viabilizasse o estudo da política externa de forma agregada. Um grupo de pesquisadores americanos começou a trabalhar com o conceito de "evento", que sintetizava o que foi feito, quando, por quem e como nas relações internacionais. Eventos abrangiam sinalizações diplomáticas (troca de embaixadas, declarações e tratados) e atos (mobilização militar, invasão territorial). Dezenas de pesquisadores usaram sistematicamente jornais, cronologias e documentos para criar sofisticadas bases de dados – *World Event/Interaction Survey* (WEIS), *Conflict and Peace Data Bank* (COPDAB), *Comparative Research on the Events of Nations* (CREON) e *Kansas Event Data System* (KEDS). Elas tinham a ambição de criar uma dimensão comparativa na disciplina e, assim, poder testar hipóteses de forma mais generalizável sobre a relevância de variáveis específicas na explicação da política externa dos Estados.

Foram dezenas de artigos e livros publicados usando esse material, mas essa tradição empírica seria praticamente abandonada na década de 1980. Muitas das razões desse declínio também se aplicam à área de APE como um todo e podem ser agrupadas em três motivos. Primeiro, a disciplina de relações internacionais migrou progressivamente para trabalhos mais dedutivos dedicados ao estudo do funcionamento do sistema internacional e não à política externa dos Estados. Segundo, no caso das bases de dados, identificou-se que eram construídas pela avaliação subjetiva, de forma que a comparação entre elas indicava, em alguns casos, significativas diferenças. Terceiro, como já afirmamos, a disciplina foi fundada sob a premissa de que a política externa decorre de múltiplas causas, enquanto abordagens quantitativas tendem a privilegiar a escolha de número reduzido de variáveis, geralmente as passíveis de serem quantificadas.

A APE tornou-se mais dinâmica na década de 1990, após o fim da Guerra Fria. Teorias sistêmicas falharam na identificação dessa significativa reestruturação do equilíbrio de poder internacional. Adicionalmente, o avanço em outras disciplinas permitiu a formulação e a resposta de novos problemas de pesquisa. O bafejo renovador da área também decorreu de uma reconcepção do que consideramos política externa. Na década de 1950, a área foi criada sob a égide do realismo. Essa abordagem tendia a ver a ação do Estado nas relações internacionais significativamente distinta daquela observável em outras políticas públicas. Havia, assim, uma "alta" política, vinculada à segurança nacional e à sobrevivência do Estado, que se diferenciava da "baixa" política. Além disso, tratava-se geralmente o Estado como ator unitário (sem subdivisões) e racional.

Examinaremos oportunamente a concepção do Estado como ator unitário, mas aqui devemos indicar que, já nos anos 1950, surgiram abordagens no campo da APE questionando o pressuposto. Isso fragilizou a ideia de especificidade da política externa. Nas décadas seguintes, muitos trabalhos apontaram ser empobrecedora a delimitação da área somente a temas conceituados de "alta" política, pois abrangiam cada vez menos o que era visivelmente um mundo complexo, com temas como direitos humanos, preservação do meio ambiente, regulação do comércio, promoção da cooperação tecnológica e outras áreas.

Podemos afirmar que, nesse novo ambiente, até a delimitação da política externa tornou-se mais difícil em decorrência da internacionalização de quase todas as políticas públicas. Desaparecia, assim, a barreira artificial entre "alta" e "baixa" política como elemento definidor da disciplina. Progressivamente, entendia-se a política externa como uma política pública.

A APE NO BRASIL

No Brasil, o estudo de política externa é realizado desde o século XIX em ensaios diletantes e em trabalhos históricos, quase sempre tendo como objeto aquela formulada e executada pelo país. Não havia, nessa primeira fase, qualquer preocupação teórica de explicitação de premissas e variáveis; tampouco existia esforço para discernir padrões mais generalizáveis de ação. Convém observar que todo trabalho acadêmico, mesmo de cunho histórico, atua com premissas teóricas e epistemológicas, ainda que não explícitas.

A primeira fase de estudos em que é visível uma maior preocupação teórica implícita ou explícita são os trabalhos de 1940 a 1970 que utilizam marcos teóricos do marxismo ou da teoria dependentista, quase sempre refletindo sobre questões como o atraso econômico do Brasil, a ligação do país à América Latina e a relação com os Estados Unidos. Podemos apontar como marco inicial os trabalhos do político, industrial e intelectual paulista Roberto Simonsen (1889-1948) e seu círculo de assessores. Quando tinha 20 anos, ele representou o Brasil no Congresso Internacional dos Industriais de Algodão (Paris) e na Conferência Internacional do Trabalho (Washington). Nesses dois ambientes e em participações posteriores em reuniões internacionais, percebeu como havia grande esforço para a construção de regras internacionais que afetavam a ação doméstica dos Estados. Como presidente da Confederação Nacional da Indústria e da Federação das Indústrias do Estado de São Paulo, reuniu ao seu redor um grupo de pesquisadores que se dedicou a refletir sobre esse fenômeno.

Na visão de Simonsen e de seus assessores, influenciados pelo pensador romeno Mihail Manoilescu, o elemento primordial para a sobrevivência dos Estados era a economia. Isso decorria de sua visão de que, a despeito da igualdade jurídica no sistema internacional, havia profunda hierarquia dos Estados decorrente do papel desempenhado pela economia de cada um deles nas relações internacionais. Para o propósito da disciplina de APE, a atuação desse grupo é importante por argumentarem que países mais fortes utilizam regras internacionais para garantir a preponderância econômica sobre países mais pobres. Isso resultaria sobretudo de acordos comerciais que, apesar de apresentarem equilíbrio monetário, serviriam para manter países mais pobres especializados em produção agrícola ou extrativa.

O mais relevante nesse contexto é a conclusão de que a maneira como os Estados estavam inseridos nos fluxos globais de produção e de trocas comerciais tinha grandes efeitos sobre suas respectivas políticas externas. Não havia, contudo, fatalismo com relação ao destino de países mais frágeis, como o Brasil, de terem uma política externa reproduzindo o posicionamento relativo na hierarquia internacional. Simonsen e seu grupo, por exemplo, propuseram usar o sistema de regras globais que tentava mantê-los como produtores agrícolas para favorecer o país, propulsionando-os na via da industrialização.

Os trabalhos dessa geração eram pouco analíticos, geralmente publicados em boletins de associações comerciais e industriais (como o da Confederação Nacional da Indústria), panfletos e coletâneas de discursos. A maioria exercia direta ou indiretamente alguma atividade governamental, atuando ocasionalmente em delegações do Brasil enviadas para reuniões multilaterais. Não havia, nesse momento, esforço maior de construção disciplinar e vinculação a uma agenda de pesquisas.

Isso mudou substantivamente com a criação do Instituto Superior de Estudos Brasileiros (ISEB), em 1955, um centro permanente de altos estudos pós-universitários. Apesar de sua curta duração (foi fechado em 1964), a instituição teve profundas ramificações nas áreas de Sociologia, História, Ciência Política, Economia e Filosofia. Dela participaram grandes personalidades, como Guerreiro Ramos, Cândido Mendes, Roland Corbusier, Álvaro Vieira Pinto e Hélio Jaguaribe.

As atividades do ISEB estavam vinculadas a um pensamento desenvolvimentista. Seus professores, preocupados com questões mais gerais, ofereceram orientações práticas sobre como o Estado brasileiro deveria atuar, inclusive em sua política externa. Com pensamento convergente com aquele de Simonsen da década anterior, vários *isebianos* argumentaram que a política externa de países subdesenvolvidos carecia de soberania, pois era controlada por um sistema de forças criado pela dependência econômica. Alguns, como Álvaro Vieira Pinto, argumentaram até que a política externa, nesse contexto, era um agente que reproduzia a desigualdade do sistema internacional no plano doméstico.

Hélio Jaguaribe foi o membro do ISEB mais influente no desenvolvimento da APE no Brasil. Seu pensamento era sofisticado e ligava o funcionamento dos sistemas político e econômico domésticos à estrutura do sistema internacional. Ele preocupava-se com o papel do Estado na estratégia de modernização de países atrasados, especialmente a margem de autonomia de países como o Brasil. Para Jaguaribe, essa autonomia resultava da viabilidade nacional e da permissibilidade internacional. O primeiro termo refere-se à existência de recursos humanos e sociais adequados e ao grau de coesão sociocultural dentro das fronteiras nacionais; o segundo, com a capacidade de neutralizar ameaças externas, algo que dependia de recursos econômicos e militares domésticos e de alianças com outros países.

Do ponto de vista dessa construção teórica, a política externa não provinha do atraso do país e tampouco a estrutura econômica tinha uma resultante determinista. Havia espaço para um núcleo intelectual, aliado à burguesia industrial e ao proselitismo para as massas, promover uma inserção internacional autônoma e nacionalista, compreendida como um meio para estimular o desenvolvimento do país. Observe-se que, nessa construção, há vários postulados teóricos importantes de caráter mais geral. Primeiro, a inserção internacional do país se fazia em um contexto internacional desfavorável. Segundo, era possível contornar essa situação com uma política externa autonomista. Terceiro, o Estado seria relativamente poroso com relação a pressões sociais – a atuação de um grupo organizado poderia reposicionar a política externa de forma a favorecer a modernização econômica doméstica.

A extinção do ISEB, em 1964, ocorreu no conflituoso processo político que levou ao fim do regime democrático. Nessa época, o mundo repercutia as graves tensões da Revolução Cubana (1959) e do recrudescimento da Guerra Fria, o que desaguaria na ostensiva intervenção americana na Guerra do Vietnã e na política doméstica de vários países das Américas. No Brasil, foi um período de grande aceleração econômica e, especialmente, educacional. O número de matrículas universitárias no país saltou de cerca de 100 mil alunos em 1961 para mais de 1 milhão ao final da década de 1970. Com esse avanço, e contando com professores formados no exterior, iniciou-se a implementação dos campos de ciência política e de relações internacionais no Brasil, algo com repercussões positivas para a área de APE.

Um símbolo dessa evolução foram as contribuições de Celso Lafer. Ele começou a interessar-se pelo tema política externa ainda na graduação, quando seu tio, Horácio Lafer, era ministro das Relações Exteriores. Em 1967, um ano antes de conseguir seu título de doutor em Ciência Política pela Universidade de Cornell, Lafer publicou seu primeiro trabalho de APE aplicada ao Brasil. Utilizando o marco teórico do cientista político David Easton, defendeu a política externa como um domínio autônomo do ponto de vista disciplinar, mas vinculada especialmente ao sistema político doméstico. Ele argumentou que a melhor forma de analisá-la era integrar os níveis global, regional e nacional. Com essa ferramenta teórica, e apoiando-se em autores como Jaguaribe e o militar e geopolítico Golbery do Couto e Silva, analisou a evolução da política externa brasileira do Império até o início do regime militar, argumentando que ela refletia, de forma geral, as características da sociedade, em suas contradições e projetos. Para Lafer, o "Estado cartorial" da economia agrária do século XIX resultara em uma política externa tímida e limitada. Já a economia industrial associada à emergência de amplo setor burguês e de classe média, no século seguinte, teria provocado uma complexidade até então inexistente no projeto de inserção internacional do país.

Foi no contexto dessa obra que tivemos, pela primeira vez no Brasil, o uso de ideias como categoria analítica, na explicação do processo de definição da política externa – seriam as de cunho nacionalista que teriam aglutinado as classes sociais em um projeto comum. Lafer, da mesma forma que Jaguaribe, ao longo de sua carreira refletiu sobre a política externa e ao mesmo tempo criou uma agenda para influenciá-la. Isso é particularmente nítido na década de 1970, quando foi possivelmente o primeiro acadêmico a compreender a importância da aproximação entre o Brasil e a Argentina, o que ajudou a colocar em prática quando se tornou ministro das Relações Exteriores por duas vezes – nos governos Fernando Collor e Fernando Henrique Cardoso. Ele foi um dos formuladores de um dos conceitos centrais utilizados tanto por acadêmicos quanto por diplomatas para explicar a política externa brasileira: o "universalismo", que na sua visão estaria associado às características geográficas, étnicas e culturais do país. Também presente em suas reflexões está a categoria de "potência média" para entender a inserção internacional do Brasil, termo em voga nos anos 1980 e início dos anos 1990 – significaria um grupo específico de países no sistema internacional com estilo próprio de política externa, na medida em que se diferenciariam das grandes potências e não se confundiriam com países pouco expressivos.

A despeito de ter doutorado em Ciência Política, Lafer atuou em toda sua carreira na Faculdade de Direito da Universidade de São Paulo. Essa foi uma característica de muitos dos pesquisadores de APE até a década de 1990: não estavam em departamentos ou institutos universitários dedicados exclusivamente à área de relações internacionais. O primeiro curso de graduação em Relações Internacionais foi criado somente em 1974, na Universidade de Brasília (UnB), e contou, nas décadas seguintes, com personalidades influentes na política externa brasileira. Entre seu quadro de professores efetivos e voluntários estiveram diplomatas como Ronaldo Sardenberg, Celso Amorim, Gelson Fonseca, Paulo Roberto de Almeida, Sérgio Amaral; e juristas como Francisco Rezek e Antônio Cançado Trindade. Não havia, contudo, no momento inicial, enfoque específico na disciplina de APE na forma como já era lecionada no exterior. Pode-se dizer que essa primeira geração se dedicou sobretudo à criação de pontes entre as áreas de Ciência Política, História, Economia e Direito.

Em 1979, por sua vez, foi criado o Instituto de Relações Internacionais (IRI), da Pontifícia Universidade Católica do Rio de Janeiro (PUC-RJ), que deu início ao seu programa de mestrado em 1987. Na mesma época, a Fundação Getulio Vargas iniciou, por intermédio de seu Centro de Pesquisa e Documentação Contemporânea (CPDOC), um ativo programa na área de política externa brasileira.

Foi nesses dois ambientes que a área de APE foi introduzida no país e ganhou sofisticação teórica.

Do ponto de vista nacional, o principal marco dos anos de 1980 foi o Grupo de Trabalho sobre Relações Internacionais e Política Externa (Gripe) da Associação Nacional de Pós-Graduação e Pesquisa em Ciências Sociais (Anpocs). Os encontros realizados nesse ambiente permitiram a interação de professores com atuação na área de APE e o início de uma comunidade com profissionais de várias instituições, com um hiato no período que vai de 1994, quando as atividades do Gripe foram encerradas, até o retorno de mesas temáticas específicas sobre política externa, na década seguinte.

A maioria dos profissionais desse momento teve algum nível de capacitação no exterior, e podemos considerar como atores centrais as professoras Maria Regina Soares de Lima, Mônica Hirst e Leticia Pinheiro, que iniciaram os primeiros cursos dedicados à APE no campo teórico e empírico. A tese de doutorado de Soares de Lima, de 1986, dialogou com a geração anterior, ao examinar a forma como o regime capitalista, a estrutura do regime militar e a inserção do Brasil no Terceiro Mundo impactavam a política externa do país. No ano seguinte, em artigo com Olavo Brasil Júnior, ela utilizou o conceito de "policentrismo decisório" para compreender como atores da sociedade têm diversos pontos de acesso ao Estado em sua busca por influência no processo decisório na área comercial.

Mônica Hirst foi a responsável por dar continuidade às reflexões sobre a integração entre o Brasil e a Argentina, criando os primeiros marcos teóricos para compreender a aproximação dos dois países. Na segunda metade da década de 1980, ela também se dedicou a analisar o processo de democratização e seus impactos na política externa brasileira, inclusive na relação com a Argentina. Leticia Pinheiro, por sua vez, foi pioneira na aplicação de modernas teorias de análise de processo decisório a estudos de caso brasileiros, em particular da administração Ernesto Geisel (1974-79). Ela não só trouxe para o Brasil a literatura clássica de APE, como desenvolveu teorias próprias aplicáveis a estruturas burocráticas nacionais.

A comunidade de estudiosos sobre a política externa brasileira foi, desde o início, ampla em termos de interesse. Os estudos dessa primeira fase podem ser divididos em quatro grandes categorias: a estrutura do regime militar, o papel da diplomacia profissional, a influência da hegemonia americana e a democratização. No primeiro tópico, o fato de os militares terem controlado o aparelho do Estado por 20 anos levou a uma série de reflexões sobre o impacto na política externa brasileira do pensamento estratégico, particularmente a doutrina de segurança nacional. Embora o início dessa reflexão tenha ocorrido de forma teoricamente sofisticada com a contribuição de brasilianistas como Alfred Stepan, deve-se destacar, no estudo dos militares como força decisória na política externa, as pesquisas de Williams Gonçalves e Shiguenoli Miyamoto. Na década de 1990, essa agenda ganhou sequência com trabalhos examinando a atuação dos militares em governos civis.

No estudo do impacto da diplomacia profissional, também há a presença de vários brasilianistas, que apontaram o papel atípico do Itamaraty no processo decisório, como Roger Warren Fontaine (1970) e Ronald M. Schneider (1976). Brasileiros também ofereceram contribuições importantes nesse primeiro momento. Em 1984, Alexandre de S. C. Barros publicou um capítulo de livro seminal no qual examinava a questão dos atores na formulação e na implementação da política externa brasileira. O mais influente, contudo, foi Zairo Cheibub. Em sua dissertação de mestrado e em dois artigos publicados entre 1983 e 1989, ele defendeu a tese de que o processo de burocratização do Ministério das Relações Exteriores, particularmente por intermédio de seu mecanismo de recrutamento de servidores, teve grande efeito no processo de formulação da política externa brasileira. Esse é um tema que até hoje permanece com muito vigor na área de APE no Brasil, já com dezenas de artigos, capítulos de livros e publicações dedicadas ao assunto.

O tema da hegemonia americana e seus impactos sobre a política externa brasileira reflete a preocupação com a distribuição de poder no sistema internacional e, particularmente, sobre a margem de autonomia do Brasil em sua inserção internacional. Este último elemento foi objeto da tese de Andrew Hurrell (1986), mas trabalhos subsequentes refletiram a crise da década de 1980 e como o governo americano tratou questões como a dívida externa, o uso de tecnologias sensíveis e acesso a mercados. Devem-se destacar, aqui, os trabalhos de Tullo Vigevani (sobre a política de informática) e Maria Hermínia Tavares de Almeida (reformas econômicas). A despeito de não serem especificamente sobre APE, historiadores como Gerson Moura e Luiz Alberto Moniz Bandeira foram referências importantes.

Já no contexto da democratização, muitos pesquisadores refletiram primeiramente como o sistema internacional impactou a mudança do regime político doméstico e, em segundo lugar, se essa alteração teria influência na política externa. Devemos destacar, no marco inicial dessa discussão, o número especial da revista *Política e Estratégia* de 1985. Participaram da discussão pesquisadores com grande impacto no período inicial da área, como Hélio Jaguaribe, Celso Lafer, Oliveiros S. Ferreira, Wayne Selcher e José Carlos Brandi Aleixo. Esse tema continua na agenda, com uma renovada preocupação sobre o papel do Parlamento, dimensão que discutiremos com mais profundidade no capítulo "Análise do processo decisório".

Um terceiro tema que mobilizou a agenda de pesquisa nos anos 1980 e 1990 foi o tema comercial. Desde os anos 1960, as teorias dependentistas apontavam a desigualdade dos termos de trocas como elemento relevante na explicação dos desafios da inserção internacional dos países da América Latina. Esse é o caso da dissertação de mestrado de Flávia de Campos Mello (1992) e a tese de doutorado de Ricardo Caldas (1994), ambos estudando o processo decisório da atuação brasileira em negociações comerciais multilaterais, com especial foco no tema de coalizões junto a países em desenvolvimento.

O tema da integração regional e da relação com os países vizinhos, em particular com a Argentina, estimulou reflexão dos formadores do campo no Brasil, como Hélio Jaguaribe, Celso Lafer e Mônica Hirst, que mencionamos anteriormente. Um dos eixos estruturantes do trabalho pioneiro de Lafer, cujas teses centrais se manteriam na bibliografia dos anos seguintes, foi a ideia de valorização do contexto regional – entendido como o subsistema latino-americano de nações – para a elaboração de uma estratégia de participação autônoma no sistema internacional.

Havia um sentido prescritivo em praticamente toda a produção dos anos 1970 e 1980 dedicada ao estudo do regionalismo, enfatizando a noção de autonomia nacional e regional, inclusive na relação com os Estados Unidos, assim como as perspectivas de industrialização e de crescimento do mercado regional. Esses aspectos, no bojo das ideias da Comissão Econômica para a América Latina e o Caribe das Nações Unidas (Cepal), foram motivações importantes para a assinatura do Tratado de Montevidéu de 1960, que constituiu a Associação Latino-Americana de Livre Comércio (ALALC) e que, em 1980, ensejou a formação da Associação Latino-Americana de Integração (Aladi) em 1980, concretizações acompanhadas com entusiasmo pelos acadêmicos do período.

No Brasil, as variáveis domésticas começaram a aparecer mais explicitamente nos trabalhos que atribuíram a esses fatores a mudança no relacionamento bilateral entre o Brasil e a Argentina, como foram as contribuições de Mônica Hirst e de Sônia de Camargo. A partir dos anos 1990, com o desenvolvimento do Mercosul, ocorreu maior adensamento desse tipo de análise, como as teses de doutorado de Alcides Costa Vaz e de Marcelo Passini Mariano, que analisaram o papel do Itamaraty na construção do Mercosul.

Questões relacionadas à segurança e ao fortalecimento do poder nacional sempre orientaram as preocupações dos militares, diplomatas e geopolíticos brasileiros. Na academia, boa parte dos trabalhos concentravam-se nas questões relacionadas à defesa nacional e às relações civis-militares. No início da área de APE no Brasil, duas das perguntas fundamentais no campo de segurança foi o que levou o Brasil a abandonar os vários projetos na área nuclear com desdobramentos militares e o que explica a atuação do país nos vários regimes de não proliferação. O marco nesse tema foi a tese de doutorado de Paulo Wrobel, defendida em 1991 na London School of Economics. Nesse tema, o acordo assinado pelo Brasil e a Alemanha em 1975, que previa a construção de reatores nucleares, e a denúncia, em 1977, do Acordo Militar assinado com os Estados Unidos em 1952, foram também estudados por pesquisadores como Carlo Patti e Matias Spektor.

O processo decisório que levou à participação do Brasil na Segunda Guerra Mundial mobilizou esforços de pesquisa relacionados com temáticas de segurança. Gerson Moura elaborou um modelo analítico inovador de autonomia na dependência de forma a caracterizar a barganha efetivada pelo país com os Estados Unidos no marco do conflito mundial. Já a tese de doutorado de Tullo Vigevani analisou como os interesses e a ideologia dos militares impactaram a política externa brasileira e a Força Expedicionária Brasileira (FEB).

Ainda não há estudos aprofundados demonstrando como o ensino da disciplina de APE evoluiu desde a década de 1980 na graduação e na pós-graduação. A disponibilidade bibliográfica até os anos 1990, contudo, indica certa divisão entre a teoria e a empiria. Do ponto de vista teórico, nos programas mais avançados provavelmente liam-se predominantemente os trabalhos da academia americana. Do ponto de vista empírico, já havia oferta de estudos de caso específicos sobre o Brasil, mas inicialmente muito ligados à teoria dependentista, à geopolítica ou esforços mais narrativos.

As atividades da Anpocs, o catálogo de livros de algumas editoras e os periódicos *Contexto Internacional* e *Revista Brasileira de Política Internacional* apresentaram, na década de 1990, adensamento do uso das teorias predominantemente americanas na tentativa de compreender a política externa brasileira. Essa nova fase permitiu ofertar, no ensino, crescente bibliografia didática para os alunos. Pode-se destacar, aqui, como contribuição, a obra do embaixador Gelson Fonseca Jr. sobre a questão da legitimidade nas relações internacionais.

Nos anos 2000, com o expressivo adensamento dos cursos universitários de graduação e pós-graduação em Relações Internacionais no Brasil, a APE ganhou destaque nos currículos universitários. A Associação Brasileira de Relações Internacionais (Abri), no contexto do fórum de coordenadores de cursos de graduação, identificou que a disciplina era lecionada em muitas universidades. Entre as áreas temáticas da Abri, que estruturam os encontros da Associação, há uma específica de APE, que recebe número considerável de submissões de trabalhos. Do mesmo modo, na Associação Brasileira de Ciência Política (ABCP), há uma Área Temática de Política Externa, onde trabalhos de APE são bem-vindos.

Há, no entanto, muito espaço para crescimento. Em pesquisa de 2019, coordenada por Marrielle Maia, foi identificado que somente 26% dos cursos de Relações Internacionais têm em sua grade de matérias a disciplina. Com a instituição, em 2017, das Diretrizes Curriculares Nacionais para os cursos de graduação em Relações Internacionais, a tendência é esse número aumentar, não apenas por questão de uma formalidade normativa, mas pelo fato de a disciplina de APE ser convergente com o interesse da maioria dos estudantes em problemas reais e cotidianos na área de relações internacionais. Muitos egressos trabalharão em áreas que necessitam entender ou influenciar o governo, como representantes de organismos não governamentais, empresas, instituições internacionais e partidos. A área de Relações Internacionais e a disciplina de APE, em particular, têm grande responsabilidade em formar tais quadros. Além disso, em termos institucionais, o crescimento do campo pode ajudar a diminuir a distância, apontada por Cristina Pecequilo, entre o fazer e o estudar relações internacionais, contribuindo para a própria afirmação social da disciplina no país.

Hoje, é possível considerar que o campo de APE no Brasil está consolidado. No início, como observamos, embora não houvesse uma incorporação direta de modelos mais específicos de APE, a preocupação com os determinantes domésticos da política externa brasileira já permitia identificar uma visão analítica convergente com o campo. Nos anos 1990 e 2000, em sintonia com o crescimento do campo de relações internacionais no Brasil, há um adensamento da área. A contribuição de Monica Herz sobre análise cognitiva e o trabalho de Alexandra Mello e Silva sobre atores e imagens na política externa brasileira foram representativos desse momento. Eles ajudaram a internalizar o debate da literatura internacional sobre como as ideias importam para a explicação da política externa dos Estados. Já em 2000, o artigo de Maria Regina Soares de Lima sobre instituições democráticas e política exterior significou o início de um novo momento de incorporação e ampliação do campo de APE no Brasil.

Nos últimos 20 anos, na Universidade de São Paulo, Amâncio Jorge de Oliveira e Janina Onuki tiveram atuação particularmente relevante ao ministrarem regularmente cursos de APE na graduação e na pós-graduação, além de terem publicado trabalhos em temas como a atuação do empresariado e do poder Legislativo na política externa. Eles foram precursores em chamar atenção para o potencial da utilização de métodos quantitativos para APE, campo no qual, mais recentemente, Pedro Feliú Ribeiro tem feito aportes inovadores. Agregam a essa trajetória de localização da APE no Brasil as contribuições de Miriam Gomes Saraiva no Rio de Janeiro, Marcelo de Almeida Medeiros em Recife, André Reis da Silva em Porto Alegre e Carlos Aurélio Pimenta de Faria e Dawisson Belém Lopes em Belo Horizonte. Esse grupo mineiro teve muita importância para compreendermos a política externa como uma política pública, premissa essa já consolidada na comunidade.

INTERESSE NACIONAL E RELAÇÃO ENTRE ACADEMIA E GOVERNO

Até meados do século passado, quando historiadores, teóricos, diplomatas e governantes analisavam a política externa dos Estados, o termo "interesse nacional" era recorrentemente utilizado. Esse conceito sinalizava o entendimento de que era inerentemente dissociado dos indivíduos ou grupos, pois contemplava toda a nação. Outro pressuposto era que o governo agiria como se fosse um corpo único, racional e coeso ao escolher um curso de ação que melhor servisse ao interesse nacional.

Essa abordagem tradicional indica que um dos focos primordiais da ação estatal é a busca da sobrevivência. Mas mesmo nesse limitado âmbito, o que significa o interesse nacional não é simples, como examinamos na crise de 1807 do Estado português. Para alguns assessores de Dom João VI, o interesse nacional envolvia a proteção da Coroa, em especial o príncipe regente e sua família; para outros, o mais importante era salvaguardar a autoridade do governo português em seu território europeu.

Se naquela época já era difícil conceber o que seria o interesse nacional e suas implicações, hoje isso seria impossível. Em sociedades democráticas e complexas, é difícil imaginar que haveria um interesse ou uma política específica contemplando todas ou quase todas as forças políticas do Estado e da sociedade. Desse modo, apesar da ideia intuitiva de que a política externa deve servir a um interesse nacional, a área de APE nos leva a perguntar: isso é factível? Quem e como se define o interesse nacional? Qual a capacidade analítica que o interesse nacional tem de explicar uma determinada política externa?

Do ponto de vista da APE nessa discussão, portanto, a questão fundamental é como os tomadores de decisão definem o interesse nacional em determinado momento e tema. Ao contrário de modelos teóricos que assumem de antemão o que constitui o interesse do Estado, a APE destaca a natureza inerentemente conflitiva dessa definição. Isso de forma alguma significa a ausência de relevância da noção de interesse nacional. Muito pelo contrário. A busca pela sua definição pode condicionar as imagens, crenças e percepções dos atores que operam a política externa.

O aspecto mais importante, nesse contexto, é que muitos grupos de pressão, burocracias e indivíduos tentam projetar suas preferências particulares como o "interesse nacional" do Estado, em uma busca por elevar a legitimidade de suas posições. O interesse nacional, concebido assim, migraria de guia para justificativa da política externa. No caso de presidentes e assessores diretos, o conceito é muito importante, pois facilita a construção da legitimidade política para determinadas posições. Portanto, ao justificar decisões, muitas vezes *a posteriori*, como interesse nacional, tenta-se dar um verniz de inevitabilidade a determinada ação.

Essa discussão é muito importante no caso brasileiro. No país, o Estado teve papel relevante na construção da disciplina da área de Relações Internacionais, particularmente pela ação de diplomatas. Muitos de seus membros tiveram, desde a década de 1970, capacitação acadêmica de ponta e ativamente ajudaram a construir a disciplina no Brasil, em particular nas discussões referentes à política externa do país. Essa dupla inserção, segundo as pesquisadoras Leticia Pinheiro e Paula Vedovelli, geraram desafios no campo acadêmico, em especial quando se cogita o impacto desse "lugar social" na formulação da política externa e na incorporação, no plano científico, de argumentos cujas origens estão no processo de justificativa diplomática.

O interessante dessa situação é que muitos atores sociais, particularmente aqueles ligados à diplomacia profissional, definiram que o próprio Estado seria uma fonte imanente de legitimidade da política externa. Isso decorreria de uma premissa de que o Ministério das Relações Exteriores seria o intérprete natural e fiel dos interesses nacionais brasileiros e de que a política externa é uma política de Estado acima do choque cotidiano doméstico. Não raro é observável, em textos e declarações oficiais, ênfase na ideia de que a inserção internacional do país teria uma continuidade, independentemente de governos, pautada nos objetivos da autonomia e do universalismo. Contudo, assim como em outros países, o avanço da disciplina de APE no Brasil levou ao questionamento desse pressuposto. Na medida em que temas de política externa se inserem no debate público, a tendência é que forças políticas em disputa apresentem diferentes projetos para o país e, uma vez no governo, procurem imprimir ações específicas e novas interpretações do que seja o interesse nacional.

O CICLO DA POLÍTICA EXTERNA (AGENDA)

Ao aproximar a agenda de APE da disciplina de políticas públicas, abrimos grande campo de reflexão. Um dos mais importantes é sobre os chamados "ciclos" (também denominado de "fases") da política externa, que buscam compreender como uma política é formulada, implementada e avaliada. Majoritariamente trabalha-se com cinco fases distintas: a) Definição de agenda; b) Formulação; c) Adoção/implementação; d) Avaliação; e) Feedback/Correções (mudanças). A definição de agenda refere-se ao momento em que um assunto recebe a atenção governamental. A formulação reflete a fase em que os atores governamentais interagem para tomar ou não uma decisão em reação à agenda, em alguns casos definindo objetivos, concebendo possíveis alternativas de soluções e escolhendo a mais adequada. A implementação envolve o uso de recursos na execução. Já a avaliação examina a implementação e seus resultados, ocasionalmente levando a correções e a ajustes.

Todos esses conceitos são abstratos e lidam com uma situação ideal. Na realidade, muitas ações não se encaixam bem nesse esquema. A transmigração da família real, por exemplo, não envolveu uma avaliação. Adicionalmente, nem todas as fases são apreciadas de forma equânime na literatura. Há, na APE, proporção elevada de estudos focando a definição de agenda e o processo de formulação, com menos trabalhos examinando aspectos como implementação e avaliação.

Não é difícil compreender a centralidade do tema "agenda". Sua definição é aspecto crucial do processo de formulação de política externa, pois quem a controla tem grande poder sobre o que é apreciado pelo Estado e como. Assim, ela precede e é fenômeno distinto do processo decisório e da implementação – aspectos que examinaremos no capítulo "Análise do processo decisório". No caso deste capítulo, a compreensão de como a agenda do Conselho de Estado foi dominada pela pressão anglo-francesa é crucial para entendermos como a política externa portuguesa se inseria nos problemas internacionais do período e, mais importante, como em situações de crise um problema se impõe na agenda governamental e domina a atenção de lideranças políticas. Não é sem razão que o estudo de crises ocupa grande espaço na área de APE.

A definição da agenda na APE permite refletir sobre o alcance explicativo de arcabouços teóricos criados no âmbito anglo-saxão, particularmente nos Estados Unidos. Nesse país, o Congresso tem grande poder na definição de agenda, em decorrência de seu poder de interferência na ação do poder Executivo. Audiências em comissões e aprovação de nomes para cargos no Executivo permitem que a atenção de todo governo e da própria sociedade seja focada em determinado assunto. Um segundo tipo de ator com influência na definição da agenda nos Estados Unidos são grupos de interesse. Eles podem ser coalizões de empresários (como a Câmara do Comércio) e até governos estrangeiros. O terceiro ator é a imprensa. Historicamente, ela teve grande poder em definir a agenda por intermédio de editoriais e reportagens investigativas – como as referentes à Guerra do Vietnã ou, mais recentemente, a espionagem do governo americano sobre países aliados. Por fim, devemos salientar o poder do presidente como chefe de Estado. Suas competências constitucionais e controle de instrumentos de implementação garantem sua proeminência. Em todos os casos, a influência também deve ser compreendida como poder de manter um tema fora da agenda governamental. Nesse tópico, é relevante a forma como industriais brasileiros se articulam para evitar que temas sensíveis de liberalização comercial entrem na agenda da política externa.

No capítulo "Análise do processo decisório" examinaremos a influência de atores sociais, unidades federativas e o Parlamento na APE, com o foco no Brasil. Mas, ao refletirmos sobre a particularidade do país na questão da definição da agenda, é inescapável identificarmos a Presidência da República como ator de grande importância. Desde a redemocratização, durante a campanha eleitoral a maioria dos candidatos já seleciona temas, países ou regiões como prioritários. O discurso de posse no cargo, por sua vez, cristaliza esses interesses e sinaliza para a burocracia uma direção sobre o que fazer e como. Por fim, ao longo do mandato, a Presidência da República tem o poder de privilegiar arenas decisórias e atores burocráticos para canalizar assuntos que avalia serem relevantes.

O aspecto que mais diferencia a agenda de APE de sua discussão no plano doméstico é o conjunto de constrangimentos específicos e praticamente diretos que o sistema internacional exerce sobre esse domínio. Imprensa, presidente, burocratas, parlamentares e empreendedores de política em geral têm menos poder e são constantemente constrangidos por uma rede de atores e instituições internacionais, particularmente em crises, como a de 1807. Mesmo no cotidiano, pode-se afirmar que existe um ciclo de eventos da política externa – um conjunto de reuniões, encontros e cúpulas bilaterais e multilaterais que engajam regularmente presidente, ministros e burocratas, empurrando determinados temas para o centro da agenda governamental e forçando as autoridades a apreciar esses assuntos, ainda que não tenham planejado ou desejado esse foco de atenção.

Essa discussão permite lançar luz sobre o problema da autonomia do país sob nova perspectiva. Afinal, até que ponto os atores do plano doméstico são livres para escolher ou controlar os problemas que entram na agenda de decisão governamental na área de política externa? Um exame perfunctório indica que a liberdade é limitada, particularmente na relação bilateral com países mais poderosos. Um exemplo é o caso do tema de direitos humanos na década de 1970. Sob o regime militar, muitos ativistas buscavam apoio de organismos internacionais e governos estrangeiros para pressionar o Estado brasileiro a reverter sua política repressiva. O governo brasileiro, por sua vez, desejava que esse tópico ficasse de fora da agenda da política externa.

O governo americano, durante as gestões Nixon e Ford, a despeito da pressão de ativistas, foi pouco sensível em usar seus instrumentos de poder para forçar o tema na agenda bilateral, privilegiando a redução de pontos de atritos e garantindo um bom relacionamento com Brasília. Isso mudou significativamente entre 1973 e 1980, com o impacto dos movimentos de direitos civis no Congresso americano e a eleição de Jimmy Carter. O tema sofreu, assim, uma profunda inflexão na política externa americana. Todos os países que recebiam assistência militar e econômica do país ficaram sujeitos a um relatório anual sobre direitos humanos, e autoridades em Washington agora ouviam atentamente representantes de organismos não governamentais, como a Anistia Internacional. Naturalmente, a diplomacia americana começou, em todos os níveis de interação com o governo brasileiro, a questionar ações na área de direitos humanos. Abriu-se, nesse contexto, uma disputa bilateral. A disparidade de poder entre os dois países e fatores como a ação da imprensa impediram que Brasília conseguisse sucesso em varrer o tema da agenda. Já na campanha eleitoral, Carter criticou o Brasil e, após eleito, impôs uma série de incontornáveis derrotas ao governo brasileiro.

Do ponto de vista teórico, o caso apresenta relevantes contribuições. A primeira é o fato de os empreendedores de política em temas sensíveis terem dificuldade em introduzir um tema na agenda bilateral sem que exista uma colaboração de autoridades governamentais em nível mais elevado. Tanto ativistas como congressistas americanos passaram anos pressionando o Executivo do país para colocar a questão de direitos humanos na agenda diplomática. Só com a chegada de Carter ao governo conseguiram sucesso. Segundo, não é necessária a aquiescência das autoridades dos dois países para que um tema entre na agenda bilateral. Há, aqui, grande desnível em termos de poder. A despeito da resistência brasileira, a questão era constantemente apreciada em decorrência das atividades consulares e diplomáticas americanas no Brasil. Terceiro, um tema pode usar a agenda diplomática bilateral como porta de entrada para ser internalizado na agenda política doméstica em sentido mais amplo. Assim, as pressões da administração Carter logo migraram para uma dinâmica mais ampla de discussão da democratização e da transformação do aparelho repressivo do Estado brasileiro.

O estudo, do ponto de vista multilateral, também apresenta resultados semelhantes, especialmente o caso da Assembleia Geral Ordinária da Organização das Nações Unidas (ONU). Ela é realizada anualmente e há certa inércia do conjunto de assuntos que são apreciados rotineiramente em todo encontro. Em decorrência da presença de ministros e/ou do presidente, o evento atrai a atenção de jornalistas, ativistas, parlamentares e vários setores da máquina burocrática do governo, particularmente do Ministério das Relações Exteriores. Esses atores lidam com itens da agenda da instituição aos quais o Brasil tem poder limitado de controlar. A partir da segunda metade do século passado, esse padrão espalhou-se por outros eventos, como fóruns bilaterais e reuniões de Cúpula do Mercosul, do Brics e da Organização Mundial do Comércio (OMC).

Não há, ainda, estudos sistemáticos sobre o assunto. Em termos de agenda de pesquisa, poder-se-ia analisar, por exemplo, a agenda de política externa de presidentes e ministros das Relações Exteriores para se avaliar o peso relativo desses compromissos relativamente inerciais e quando eles perdem relevância – o que pode ser um bom indicador de mudança tanto da política internacional como da política doméstica. O ponto é que a definição da agenda de política externa tem uma dimensão de rotina que se vincula a uma programação institucional internacional.

Nesse ponto, é interessante observar que o fato de um determinado tema recorrentemente apresentar-se na agenda de política externa não significa que o Brasil mantenha uma mesma posição. O caráter inercial pode ser visto como regularidade na abertura de janelas de oportunidades para determinada questão ser reavaliada e empreendedores de políticas lutarem para reverter posicionamentos. Um bom exemplo são as próprias sessões da Assembleia Geral da ONU. Desde a Resolução 181 de 1947, que recomendou a partição do Mandato Britânico para a Palestina em dois Estados e o *status* internacional para a cidade de Jerusalém, a organização apreciava a questão do conflito árabe-israelense. Nos anos subsequentes, foram centenas de discussões e propostas de resoluções em que se abriam, no âmbito da política externa brasileira, oportunidades para se definir a posição do país com relação aos problemas da região. Na XXX Sessão (1975), durante a discussão do que viria a ser a Resolução 3379, que tratava sobre a eliminação de todas as formas de discriminação racial, o tema voltou à agenda e abriu-se nova oportunidade para apreciar a matéria. O presidente Ernesto Geisel e seu ministro das Relações Exteriores, Azeredo da Silveira, apreciaram o posicionamento de equidistância na região, decidindo realizar um ajuste na posição brasileira no tema.

Além da agenda rotineira, há aquela que emerge durante crises – como a que se abateu sobre Portugal durante as Guerras Napoleônicas. A característica de imprevisibilidade leva geralmente a um padrão de definição da agenda distinto. Examinaremos, nos próximos capítulos, algumas características de crises, mas podemos adiantar identificando que o processo decisório tende a não seguir regras padronizadas de rotina e há a expectativa de que a dinâmica seja conduzida por número menor de atores posicionados na cúpula hierárquica do Estado.

Níveis de análise e o papel psicológico

Começamos o capítulo anterior apresentando o processo decisório que determinou a transmigração da Corte portuguesa para o Brasil em 1807. Uma das primeiras contribuições da disciplina de APE é indicar que um evento como esse pode ser explicado por várias lentes analíticas. O mais influente pesquisador a identificar e sistematizar essa questão foi Kenneth Waltz. Ele argumentou, em 1954, na sua tese de doutorado, que a área das relações internacionais estabelecia a origem de conflitos internacionais de três formas – o que ele definiu como imagens. Assim, haveria várias maneiras de explicar a crise que levou à reunião do gabinete português em 1807. A primeira seria a natureza humana. Waltz considerou esse elemento como a primeira imagem: o caráter violento, vingativo e agressivo dos humanos seria fator preponderante na explicação da guerra. De forma mais objetiva, outros autores focam na psicologia dos envolvidos como elemento explicativo. Este último aspecto será examinado adiante neste capítulo.

Uma segunda dimensão seria relacionada à atividade de grupos decisórios pequenos, processos organizacionais das burocracias e aspectos mais amplos como a cultura, o ambiente político doméstico, o regime político e o que muitos denominam como "atributos nacionais". Na crise de 1807, podemos identificar vários desses elementos. Temos as características da máquina administrativa portuguesa no Antigo Regime, a atuação das facções anglófonas e francófonas em Lisboa e a maneira como as burocracias dos vários países interagiam interna e externamente. Outra dimensão importante é a característica do regime político. Seriam as democracias, por exemplo, mais pacíficas do que regimes autoritários? Essa é uma pergunta complexa que ocupa segmento importante dos estudiosos da área de relações internacionais. Alguns desses elementos, que constituem o que Waltz denominou de segunda imagem, serão apresentados no próximo capítulo.

Há, ainda, uma terceira dimensão, de nível mais abstrato. Waltz argumentou que a política internacional seria caracterizada pela anarquia, ou seja, inexistiria uma entidade hierárquica acima dos Estados com o monopólio do uso legítimo da força. Em ambiente de constante desconfiança, cada país buscaria maximizar seu respectivo poder para aumentar a sua segurança, mediante alianças com outros Estados e investimento em capacidade militar. Uma analogia que se pode fazer nessa visão teórica seria que os Estados se comportam como firmas em um mercado – a demanda por segurança seria semelhante à busca pelo lucro.

A ênfase na dimensão da estrutura do sistema internacional e nas consequências da anarquia como aspecto determinante para o comportamento do Estado são ideias centrais para a chamada "abordagem neorrealista de relações internacionais". Waltz denominava de "reducionistas" as teorias não sistêmicas, pois privilegiam o comportamento dos Estados para explicar os resultados, ou seja, tentavam inferir o comportamento a partir das intenções, ignorando os constrangimentos impostos pelo sistema internacional. Ele argumentou que o sistema internacional constrange o comportamento dos Estados. Nessa interpretação, a explicação da guerra estaria na terceira imagem.

A teoria de Waltz não buscava explicar a política externa dos Estados. Ela, no entanto, é relevante para apresentar quais são as estruturas de incentivos e constrangimentos nas quais os decisores estão inseridos. No nosso estudo de caso, tal consideração é útil, pois é importante avaliar como a distribuição de poder entre os Estados europeus e o sistema de alianças existente afetou a evolução do sistema internacional no qual Portugal estava inserido.

Devemos notar que esses três níveis de análise organizaram o campo de estudos, mas ao mesmo tempo impuseram desafios ao analista, pois a política externa raramente consegue ser explicada satisfatoriamente somente por um. A personalidade de Dom João VI, portanto, não consegue oferecer uma compreensão plena do comportamento do Estado português, tampouco os constrangimentos do sistema internacional por si só poderiam prever os desenlaces que levaram à transmigração da corte para o Rio de Janeiro. Nos últimos 30 anos, há grande esforço para tentar conceber estruturas teóricas que de alguma forma perpassem dois ou mais níveis de análise. Se isso permite, por um lado, maior alcance explicativo, por outro, diminui a parcimônia de elegantes construções teóricas baseadas em poucas variáveis. Entre as abordagens interessantes desse movimento está o realismo neoclássico, que, a partir de um entendimento neorrealista de centralidade do sistema internacional (a terceira imagem) – caracterizado pela distribuição do poder, as capacidades relativas e a anarquia – aborda a relação entre o doméstico e o internacional e os constrangimentos à capacidade de agência do Estado.

Um ponto de partida do realismo neoclássico é considerar que o escopo e o nível de ambição da política externa de um Estado são guiados pela sua posição no sistema internacional e, especificamente, por sua capacidade material relativa. Contudo, o impacto das capacidades materiais na política externa é complexo e indireto, na medida em que as pressões sistêmicas devem ser traduzidas por meio de variáveis intervenientes que operam no âmbito doméstico, em particular a percepção dos líderes em relação ao sistema internacional e a capacidade de mobilização de recursos por parte dos Estados. Essa abordagem *top-down* se distingue das abordagens tradicionais da disciplina que enfatizam elementos de agência do indivíduo, aspecto ao qual nos dedicaremos agora.

O INDIVÍDUO

O príncipe regente Dom João VI, no centro do embate que levou à transmigração do Estado português ao Brasil em 1807, comandava um Estado absolutista na periferia europeia. Ele ocupava a instância decisória mais elevada. Natural que pesquisadores, ao longo do tempo, dedicassem atenção sobre como ele pessoalmente teria afetado o desenrolar dos acontecimentos.

O príncipe regente, secundogênito na linha de sucessão, passara sua infância e adolescência sob a sombra de seu irmão, o verdadeiro herdeiro do trono. Foi só com a morte deste e a declaração de incapacidade de sua mãe, a rainha Dona Maria, que foi alçado à posição de proeminência. É considerado, por alguns, covarde, tímido e apagado; por outros, cauteloso e calculista. Nos dois casos, pode-se argumentar que sua personalidade teve efeitos práticos na forma como percebia as transformações da política internacional, interagia com seus auxiliares e tomava decisões. Isso, por sua vez, teria impacto direto na política externa portuguesa e nas relações internacionais do período. A premissa aqui é que, se a mãe ou o irmão de Dom João VI estivesse governando, a ação externa de Portugal provavelmente teria sido outra, ou seja, indivíduos possuem grande poder de agência na orientação do Estado, a despeito de constrangimentos institucionais e internacionais.

No alvorecer da disciplina de Relações Internacionais, logo após a Segunda Guerra Mundial, as abordagens realistas tradicionais não adotaram esse corolário. Autores como Hans Morgenthau salientaram a primazia do poder político como elemento explicativo central das relações internacionais, definindo-o como uma relação psicológica entre governantes e governados. Ele, no entanto, acreditava que esse aspecto era governado por leis objetivas fundamentadas na natureza humana, sendo esta permanente.

Paralelamente ao trabalho de Morgenthau, ocorreu uma rápida evolução da Psicologia Política. Um dos fundadores da área foi Harold Lasswell, colega de Morgenthau na Universidade de Chicago. Durante a Segunda Guerra Mundial, Lasswell ocupou-se com os efeitos políticos da propaganda nazista e, anos depois, tentou compreender como psicopatologias afetam a ação de estadistas. Ele se notabilizou pelo uso de biografias psicoanalíticas e, mais importante, pela análise de conteúdo em comunicações.

Em um volume de 1930, com base em Freud e em Weber, Lasswell aplicou o método de análise de história de vida e várias teorias de desenvolvimento de personalidades para criar uma tipologia de personalidades de líderes – agitadores, administradores e teóricos. Sua ambição era discernir trajetórias com impacto da formação das personalidades. Porém, mais importante do que a metodologia e a tipologia, a contribuição de Lasswell que impactaria por décadas a área seria a premissa de que mesmo pessoas altamente inteligentes e com boa formação educacional podem agir de forma considerada emocional ou irracional. Primeiro, elas não teriam uma definição *a priori* de seus interesses; segundo, teriam dificuldades em identificar ameaças de forma correta; terceiro, poderiam agir de forma a não calibrar a relação entre meios e fins.

Uma das primeiras ocorrências de aplicação desses preceitos veio em 1956, quando Juliette L. George e Alexander George estudaram um caso empírico de alto interesse: o fato de o presidente Woodrow Wilson não ter conseguido a aprovação da entrada dos Estados Unidos na Liga das Nações, algo com efeito desestabilizador na política internacional nas duas décadas subsequentes. O caso era intrigante, pois Wilson era um cientista político considerado especialista na política doméstica americana, particularmente no tema da importância do Senado na política externa. Em sua ação presidencial, contudo, atuou de forma contrária ao que pregou como acadêmico.

No estudo psicológico do presidente americano, atribuiu-se o fracasso da acessão dos Estados Unidos ao organismo internacional à ação de Wilson, sendo esta ditada pela sua personalidade, formada pelo ressentimento sobre as demandas perfeccionistas de seu pai. A obra causou grande controvérsia na disciplina de Ciência Política por décadas. Muitos apontavam obstáculos metodológicos para o uso de análise psicológica de líderes políticos fora do ambiente clínico – enquanto o analista tinha um ambiente controlado no qual poderia examinar sentimentos, desejos e fantasias inconscientes, o cientista político tinha acesso só indireto ao seu objeto de estudo.

A área foi de grande importância para a Guerra Fria. Em um mundo com armas nucleares, forças armadas em permanente prontidão e cotidiana tensão entre as grandes potências, saber que as políticas externas dos Estados podiam resultar de ações irracionais tornava o futuro não só mais imprevisível, como também perigoso. Nesse contexto, o governo americano financiou fartamente a agenda de pesquisa de Psicologia política voltada para a análise da política externa em suas dimensões descritiva e preditiva. Foi nesse período que ocorreu grande avanço nas áreas de liderança, julgamento, opinião pública e temas específicos como cognição, comportamento, emoção e processos de interação de indivíduos em grupos.

Muitos trabalhos da primeira geração de APE fundamentados na Psicologia Política acabavam adotando um modelo de funcionamento do Estado que dava muita importância para o indivíduo que ocupava o papel de líder do Estado. No esforço de análise, eles se debruçavam não sobre aspectos específicos dessas personalidades, mas sobre como algumas características (*traits*) correspondiam a tipos ideais consolidados na literatura. Ambicionava-se a criação de marcos generalizáveis a todos os períodos e contextos culturais. Assim, para utilizar o caso que abriu este capítulo, a análise de Dom João VI tentaria identificar quais traços de personalidade ele teria, encaixando-o em uma tipologia preexistente que explicaria as suas decisões.

Um dos primeiros pesquisadores a avançar de forma sistemática nessa linha de pesquisa foi Alexander George, um dos coautores do volume sobre o presidente Woodrow Wilson. Em 1967, em um trabalho para a divisão de projetos da Força Aérea americana (*Rand Corporation*), publicado dois anos depois na revista *International Studies Quarterly*, ele trouxe para a APE o conceito de "código operacional", concebido como arcabouço de regras de conduta e comportamento, em especial crenças sobre conflito político. Seria, assim, uma lente que influenciaria a forma como um ator político percebe o mundo e ajudaria a determinar a escolha de estratégias e táticas de reação. Do ponto de vista prático, esse arcabouço servia para o governo americano tentar compreender a cúpula do governo soviético e se antecipar a ações de Moscou.

Nas décadas seguintes, essa linha de pesquisa continuou. Alguns examinaram a socialização familiar, instituições de afiliação e até qual a ordem de nascimento entre irmãos como fatores explicativos na construção de códigos operacionais, com alguns acreditando que o processo de socialização na infância cria marcos relevantes para a formação de crenças políticas. Esses trabalhos geralmente usavam análises empíricas comparadas de chefes de Estado, sobretudo quando enfrentavam crises – questão que detalharemos mais adiante.

As contribuições teóricas mais relevantes no uso da Psicologia Política na APE vieram de Robert Jervis. Influenciado pela Guerra Fria e atuando como consultor da Central Intelligence Agency (CIA), ele interessou-se particularmente pelas estratégias de dissuasão nuclear. Os Estados Unidos teriam percebido como agressivo o comportamento da União Soviética após a Segunda Guerra Mundial e acabaram tomando decisões para elevar seu nível de segurança; isso, por seu turno, ocasionou que os soviéticos respondessem da mesma forma – aumentando o nível de insegurança de ambos na era nuclear.

Na sua produtiva vida acadêmica, Jervis incorporou (e incorpora) muitos resultados da área de Psicologia à APE, especialmente sobre como percebemos as ações de outros Estados e como sinalizamos nossas intenções no cenário internacional. Ele trabalha com um modelo em que seres humanos são excessivamente confiantes, interpretam novas informações segundo suas crenças preexistentes e demoram ou se negam a ajustar suas crenças diante de informações conflitantes. Na política externa, ele identifica que decisores geralmente creem que outros Estados são mais hostis do que a realidade; assumem que o comportamento de outros é racional e que outros têm facilidade para perceber suas intenções.

Uma das abordagens centrais é a que trata de "fechamento cognitivo". O início desse tipo de reflexão foi o trabalho do psicólogo Leon Festinger sobre dissonância cognitiva, o estado mental causado entre a inconsistência entre duas crenças ou entre uma crença e uma ação. O fechamento cognitivo pode ocasionar pelo menos dois tipos de reação. A primeira seria buscar uma exposição somente a informações que confirmam crenças preexistentes. A segunda reação seria a racionalização de que uma decisão que tomamos foi correta – mesmo quando não o foi. Jervis usa esse arcabouço para argumentar que crenças e expectativas preexistentes afetam a forma como apreendemos novas informações. Isso decorreria da tendência humana de buscar harmonia entre o que se espera ver e a informação que é apreendida. A maioria das informações que temos sobre o mundo, contudo, é ambígua e geralmente apresentamos um "viés de confirmação" ao sempre buscar confirmá-las.

Jervis argumenta que há uma tendência a generalizar excessivamente as lições da história. Os efeitos desse problema parecem ser maiores quando a pessoa os experimentou em primeira mão, se eles ocorreram no início da vida adulta ou no início da carreira profissional, se houve consequências positivas para a pessoa ou para o país e, por fim, se a pessoa não está familiarizada com outros eventos que facilitem a construção de cenários alternativos. Nesse tipo de situação, pouco se leva em consideração os custos das ações, a possibilidade de outras vias terem sido igualmente bem-sucedidas e o fato de o sucesso ter resultado de mera sorte.

Todas essas contribuições foram muito importantes para a disciplina, mas tinham limitações. Os líderes, mesmos em Estados absolutistas e autoritários, sempre atuam em colaboração com assessores próximos e estão inseridos em estruturas burocráticas. Em democracias, são constrangidos pela imprensa, pelo Parlamento e por movimentos organizados da sociedade civil. Todos esses elementos serão examinados no próximo capítulo com mais detalhes, mas aqui indicaremos que a presença desses aspectos não diminuiu a relevância de abordagens ancoradas nos indivíduos. O que ocorreu foi a criação de novas linhas de pesquisa indicando os impactos dessas forças (como a imprensa) sobre indivíduos e, particularmente, sobre grupos pequenos de decisão. Outra via promissora tem sido o estudo sobre os papéis formais e informais que indivíduos exercem nas mais diversas estruturas burocráticas que afetam a política externa.

A PSICOLOGIA DA DECISÃO

A obra acadêmica de Jervis aprofundou significativamente a relação entre a disciplina de APE e a de Psicologia. Várias gerações de pesquisadores dedicaram-se, desde então, a questões como processamento de informação, cognição, percepção, o papel de imagens e crenças, o uso de emoções, a capacidade de aprendizagem e os estilos de lideranças.

O primeiro elemento a ser examinado é o que se convencionou denominar de "representação de problemas". A origem desses trabalhos acadêmicos é um pouco inusitada e nasceu com estudos sobre como os júris compreendiam os casos em que atuariam. Acabaram, na APE, estabelecendo um rico campo de pesquisa. A representação de problemas indica que, antes de focar no processo decisório em si e na forma como indivíduos examinam alternativas, é importante estudar o que determina como o assunto a ser apreciado foi definido e compreendido por esses mesmos atores. Assim, haveria um grande efeito das crenças, dos conhecimentos e das experiências de uma pessoa na forma como ela representa um problema e isso, por seu turno, afeta como as escolhas são concebidas.

Nas relações internacionais, um dos fatores que afetam a representação de um problema é como um indivíduo constrói a imagem de atores domésticos e internacionais. Isso é possível ser examinado no caso da crise enfrentada pelo Estado português em 1807. Havia, entre os decisores, várias imagens construídas segundo as crenças preexistentes sobre a França e a Inglaterra no contexto da política internacional do período.

Sobre o primeiro país, havia o efeito da Revolução Francesa e da expansão territorial promovida por Napoleão. Um grupo de assessores de Dom João via com absoluto horror a forma como o Antigo Regime ruiu e ocorreu uma ascensão do grupo que poderia ser considerado de ambiciosos e oportunistas. As autoridades em Lisboa presenciaram diretamente isso quando chegou à cidade, em 1802, o general Lannes, um dos amigos mais íntimos de Napoleão. Ele não só rejeitou todo o protocolo da Corte como abraçou a missão de difundir os ideais revolucionários e de intervir em assuntos internos de Portugal – sem contar as solicitações de indenizações, verdadeiras extorsões.

Para o grupo anglófono, essas atitudes demonstravam que a França não respeitaria a soberania portuguesa, não importando o que este país fizesse. O grupo trabalhava com a crença de que a França, naquele momento, era um poder insaciável; toda ação para aplacá-la era inútil. Era sob o prisma dessa crença que analisavam toda ação de Paris. Nesse ambiente, o melhor seria contar com a aliança tradicional que os portugueses tinham com a Inglaterra.

Já para o grupo francófono, o regime napoleônico demonstrava-se maleável e corruptível. Seria possível ganhar tempo e manter a Coroa portuguesa a salvo na Europa, ainda que despendendo grandes somas de recursos. A crença mais importante do grupo, contudo, era a de que Portugal não poderia contar com a aliança inglesa para manter sua independência. Um acontecimento ajudou a moldar essa crença. Em 1801, a França e a Espanha se coligaram e atacaram Portugal. A despeito da longeva aliança com os ingleses, peça fundamental da política externa portuguesa, Londres não fez nada, ocasionando perdas territoriais. Não haveria motivos, no contexto dessa crise anterior, para se pensar que autoridades inglesas se esforçariam para proteger seu aliado.

A teoria aponta que imagens ajudam a enquadrar a percepção de informações, podendo ser concebidas como uma forma de estereótipo que nossa mente usa para organizar eventos e pessoas. De um lado, ajuda a simplificar o mundo; de outro, pode levar a graves erros de cálculo. Um caso específico da época demonstra como as imagens construídas pelos dois grupos poderiam criar conclusões diametralmente opostas. A situação emergiu com um dilema semelhante enfrentado pelo governo dinamarquês em 1807, que assim como Portugal tentava manter a neutralidade – aliar-se à França e fechar os portos ou ser invadido pelo país. As autoridades inglesas, monitorando a situação, decidiram agir de forma preemptiva e afundaram os navios dinamarqueses e bombardearam Copenhague.

Não é difícil compreender como o exemplo dinamarquês podia ser utilizado para argumentos diametralmente opostos. Para os anglófonos, a imagem da proeminência da Marinha inglesa poderia indicar que uma postura dúbia levaria a resultados desastrosos para Portugal, pois, ao tentar manter a neutralidade ou aliar-se com os franceses, teria seus navios arrestados e suas colônias invadidas. Já para os francófonos, o mesmo fato poderia levar à construção de uma imagem dos ingleses como sem nenhum interesse efetivo em levar em consideração a soberania de seus aliados, optando pela destruição de material que poderia ser usado contra eles em contraposição a uma campanha ativa contra tropas terrestres francesas. Esse caso corrobora o que as teorias da Psicologia Política afirmam: o passado não cria de forma transparente analogias e aprendizado uniformes para todos os indivíduos. O sistema de crenças e as imagens preexistentes ajudam a determinar a forma como ele é representado e quais suas lições para os casos examinados pelos decisores.

O PAPEL DO LÍDER

Todo Estado contemporâneo, sendo ditadura ou democracia, presidencialista ou parlamentarista, é chefiado por um líder político. Ainda que tenham papel maior ou menor na condução da política externa em decorrência de regras institucionais ou de pressões de partidos, parlamentos, opinião pública, forças armadas e outros atores, não há dúvida de que são influentes. Não é por outro motivo que na área de APE há grande reflexão sobre os impactos da personalidade dos líderes na política externa dos Estados.

O conceito de "personalidade" é, novamente, uma influência da área da Psicologia e parte da premissa de que seres humanos podem ser divididos em várias categorias no que diz respeito à forma como percebem o mundo, definem objetivos, formam suas crenças, reagem a informações e decidem. Uma das pioneiras na área foi a pesquisadora Margaret Hermann. No início dos anos 1980, ela apresentou uma análise comparada de mais de quarenta chefes de Estado com o propósito de identificar como características de personalidade afetavam a inserção internacional de seus respectivos países. Seu estudo consolidou uma tipologia que apontou para o fato de que líderes agressivos são nacionalistas, buscam poder de forma ofensiva, têm grande desconfiança de outras pessoas, acreditam que possuem controle sobre eventos em que estão envolvidos e têm baixa complexidade conceitual. Por outro lado, líderes conciliatórios teriam características opostas – não são tão nacionalistas, confiam em outras pessoas, têm alta complexidade conceitual e não acreditam que têm o poder de moldar os eventos em que estão envolvidos. Para ela, mesmo que se chegasse à conclusão de que esses fatores não são centrais na APE, eles teriam papel de relevo na interação com outras variáveis explicativas, como atributos nacionais, natureza do regime político e estruturas de unidades decisórias. Sua pesquisa indica que fatores que tendem a facilitar a ascensão de líderes, como a autoconfiança, a impulsividade e crenças rígidas, infelizmente podem não ser os mais adequados para o exercício do poder.

Em 2001, Margaret Hermann liderou um grupo de quatro pesquisadores para oferecer mais uma contribuição ao tema. Ela criou um arcabouço no qual distinguiu os líderes que são guiados mais por objetivos daqueles mais influenciados pelo contexto. Com uma matriz na qual variam a motivação do líder, a responsividade a constrangimentos políticos e a recepção de novas informações, ela construiu uma tipologia de liderança que vai de "cruzados" a estrategistas, de pragmáticos a oportunistas. Um líder do tipo "cruzado" seria aquele que desafia os constrangimentos no qual está inserido, é avesso a questionar suas crenças quando confrontado com informações contrárias e busca sempre persuadir outros a aceitarem sua opinião. No caso histórico deste capítulo, podemos dizer que o líder francês Napoleão Bonaparte se encaixaria nesse estilo de liderança.

Outro tipo importante, mas de características opostas ao cruzado, seria o oportunista. Propenso a respeitar os constrangimentos aos quais está submetido, é aberto a rever suas crenças e objetivos diante de novas informações; enquanto o cruzado é expansionista, ele é reativo, sempre buscando fazer o possível diante dos constrangimentos existentes e procurando acomodar-se à resistência de terceiros por intermédio da busca do consenso. Esse seria o caso, por exemplo, de Dom João VI na crise de 1807. Ele não concebeu a possibilidade de conseguir reestruturar os constrangimentos aos quais Portugal estava inserido. Sua posição com relação aos objetivos estratégicos de seu país e as alianças que desejava manter mudaram constantemente, de acordo com as informações que obtinha. Não tomava posição nos choques dos setores do Estado português e tampouco no embate entre a diplomacia britânica e a francesa. Buscava o que era impossível naquele momento – compatibilização e consenso.

Os dois modelos são construções abstratas semelhantes ao que o sociólogo alemão Max Weber definiu como tipos ideais, significando que agregam características comuns gerais e não correspondem completamente a casos concretos individuais de um fenômeno. É um mecanismo analítico utilizado nas ciências sociais e, particularmente, pela área de APE. Margaret Hermann e outros pesquisadores utilizam esses tipos ideais para demonstrar como estilos de liderança têm grande impacto sobre o processo decisório e a política externa.

GROUPTHINK E POLYTHINK

Uma das mais importantes linhas de pesquisa na literatura de APE é o conceito de *groupthink*, cunhado por Irving Janis na década de 1970. A premissa aqui é que decisões governamentais e empresariais de grande alcance são tomadas em ambiente de interação de poucos atores – visão um pouco distinta do que analisamos logo acima, que tende a privilegiar um indivíduo em posição de liderança.

Até então, a literatura indicava que esse pequeno grupo funcionava melhor quando tinha grande coesão, ou seja, era caracterizado por solidariedade entre seus membros e por uma harmonia em suas crenças. Janis contribuiu para a literatura ao defender conclusão oposta. Para ele, em um grupo altamente coesivo, havia graves riscos de a dinâmica de interação social levar a problemas na compreensão da realidade, na avaliação de alternativas e na tomada de decisão. Isso decorreria do fenômeno de busca de concordância ou consistência no grupo – o desejo inconsciente de continuar a gozar dos benefícios materiais e/ou subjetivos de ser parte dele.

Nessa situação, criam-se pressões para garantir a uniformidade e evitar desvios, gerando autocensura, ilusão de unanimidade, pressão direta sobre dissidentes e guardiões voluntários da estrutura do grupo. Isso é potencializado quando há insulamento do grupo, homogeneidade social e ideológica de seus membros, carência de constrangimento organizacional sobre o líder, alto estresse, baixa autoestima temporariamente induzida por falhas recentes, pressão para se tomar uma decisão e aparente falta de alternativas viáveis.

Várias consequências decorrem desse tipo de situação, como superestima e crença na inerente moralidade do grupo, ilusão de invulnerabilidade, falta de avaliação de alternativas, inexistência de exame dos riscos da escolha preferida, dificuldade em reexaminar alternativas inicialmente rejeitadas, limitação na avaliação de informação, viés seletivo em seu processamento e falhas na criação de planos de contingência.

O conceito de *groupthink* popularizou-se na academia, no discurso político e em outras disciplinas, criando até uma subárea de estudos. Foi, também, um caso interessante de como uma teoria da APE acabou utilizada por muitos governos para minimizar o risco de sua ocorrência. Ela pressagiou a grande revolução que a Psicologia Cognitiva e a teoria de decisão comportamental tiveram nas ciências sociais.

Do ponto de vista de uma política pública, é comum ocorrer o *groupthink* particularmente em situações de crise? Um líder político escolhe seu gabinete de acordo com suas preferências, pode-se esperar que escolha subordinados diretos que sejam convergentes com suas crenças e que tenham interesse em agradá-lo. Haveria, nesse contexto, risco de se observar a ocorrência de *groupthink*. Mas um exame mais cuidadoso nos indica que não é tão comum tal situação. Em regimes parlamentares ou presidenciais, líderes escolhem subordinados com outros critérios que a simples convergência de crenças. A busca do apoio de setores específicos da sociedade para manter a governabilidade leva à acomodação de personalidades muitas vezes de pensamento contrário ao do mandatário e que, por variados motivos, não desejam se acomodar dentro de um consenso forçado. Há, ainda, a possibilidade mais corriqueira de que vários líderes políticos gostam de ter à disposição assessores que possam oferecer opiniões complementares ou contrárias às de seus colegas. Na história da política externa brasileira, há muitos registros desse tipo de situação – como a administração Getúlio Vargas no Estado Novo.

Fica claro, portanto, que o regime político não é necessariamente determinista sobre a possibilidade de ocorrência de *groupthink*. Pode-se questionar, então, se além do regime político e do perfil da liderança, haveria outros fatores mais estruturais impactando nessa dinâmica.

Adiantando um pouco os elementos a serem discutidos no próximo capítulo, podemos indicar que uma dimensão significativa é a estrutura do processo decisório.

Um caso relevante que ajuda a iluminar a importância da variável é o funcionamento do Estado português no Brasil após 1808. Como apontamos no início do livro, havia duas facções que lutavam no seio do aparato estatal: aqueles que desejavam que Portugal acedesse às demandas de Napoleão, com o risco de destruir a aliança com a Inglaterra e a perda das colônias e frota naval; e os defensores de um rompimento com a França e uma possível invasão do território e a destituição da casa real dos Bragança.

O príncipe regente contou com essas duas divergentes facções no seio de seu governo não só por elas estarem representadas em seu gabinete, mas pelo fato de ele ter conduzido o processo decisório dentro do Conselho de Estado, instância voltada para o debate e o choque de ideias. Quando o futuro conde da Barca, o líder da facção a favor dos franceses, caiu em desgraça e foi destituído de seu cargo ministerial, continuou frequentando as reuniões do Conselho no Brasil, permitindo que visões distintas sobre os problemas de política externa fossem apresentadas no seio do processo decisório.

Em 2005, um grupo de pesquisadores israelenses, ao examinar os acordos de paz de Camp David de 2000, cunhou o conceito de *polythink*, que teria o significado oposto de *groupthink*: quando há número elevado de opiniões e percepções divergentes pelos decisores. O interessante desse tipo de situação é que ele pode ter consequências muito semelhantes ao *groupthink*, em especial o exame inadequado e limitado de objetivos e alternativas, o uso seletivo de informação e a paralisia do processo decisório. Haveria, no entanto, problemas específicos não existentes no caso de *groupthink*: maior probabilidade de conflito no grupo, maior possibilidade de vazamento de informação para a imprensa e adversários externos, menor possibilidade de que o grupo consiga articular uma posição única, dificuldade para ter a flexibilidade adequada na barganha de propostas e adoção do mínimo denominador comum.

EMOÇÕES

Não é estranha ao estudante de Relações Internacionais a importância das emoções. Na teoria realista clássica, podemos observar tanto em Tucídides como Thomas Hobbes o papel que sentimentos, como medo, exercem sobre a ação dos indivíduos. Essas abordagens filosóficas e históricas, porém, não tinham densidade explicativa para serem aplicadas a múltiplos contextos. Além disso, a própria disciplina de APE trabalhava sob a premissa de que a política era o domínio da razão.

Nos últimos anos, porém, houve grande avanço na agenda de como a dimensão emocional afeta a política externa. Apesar do sucesso inicial em apontar que a ação estatal não se encaixava no modelo de racionalidade (exploraremos oportunamente essa questão), o estudo sobre as emoções na APE foi dimensão por muito tempo marginalizada, mesmo em abordagens psicológicas da disciplina, e pode-se dizer que ainda caminha para ganhar mais reconhecimento e institucionalização no campo. O primeiro problema certamente é a definição. O que seriam emoções, esse conceito tão elusivo? Pode-se dizer que ainda não há um consenso na literatura nesse tema. Há múltiplas definições e interpretações, havendo igualmente grande variação de tipologias do que seriam as emoções básicas do ser humano.

O segundo problema é a operacionalização. Como mensurar uma emoção e, mais importante, identificar seus efeitos na política externa? No primeiro aspecto, a área que mais avançou foi a de Neurociência, utilizando as modernas tecnologias de mensuração de atividade neurológica. Na questão dos efeitos, a primeira dimensão importante é como a emoção afeta o engajamento de indivíduos. Aqui, a contribuição da literatura vem sobretudo de estudos sobre eleições e mobilização de ação coletiva. Medo e raiva, em alguns contextos, por exemplo, podem levar a comportamento arriscado. Esses mesmos sentimentos também podem ser importantes para a definição de uma preferência por ação política. Uma terceira dimensão é a referente ao aprendizado e à atenção dada a um determinado problema. Muitas pesquisas identificam que a raiva tem efeitos negativos sobre o tempo utilizado na busca de informações e na forma como seres humanos processam informações que divergem das preferências que têm.

Outro desafio é o que podemos denominar de "ligação entre emoções privadas e seus efeitos na coletividade". Emoções são formadas por um processo de socialização no qual uma determinada cultura ajuda a moldá-las e, ao mesmo tempo, elas próprias ajudam a constituir essa dimensão intersubjetiva. Muitos estudam, portanto, o nível mais coletivo de comunidades, especialmente o Estado. Isso permitiria compreender os elos emocionais entre grupos sociais, governos e nações, particularmente como as emoções impactam esses grupamentos e a política internacional.

Por fim, devemos destacar que, na política externa, a expressão de emoções pode ter papel relevante como estratégia de construção de imagem e de sinalização na política internacional, constituindo instrumento do Estado em suas relações internacionais. Trata-se de uma performance, um esforço deliberado de moldar a forma como a imagem de um Estado é percebida por terceiros. Muitos países usam a raiva em seu discurso diplomático como forma de lidar com o que avaliam como ofensas. Isso pode ter consequências futuras, como no eventual processo de conciliação. A simpatia, por sua vez, pode ser usada como sinalização de solidariedade, indicando maior abertura para a construção de acordos. A culpa é outro elemento importante, pois pode ocasionar a aceitação de resultados adversos em negociações do ponto de vista da reciprocidade estrita.

ROLE THEORY

No capítulo anterior, apontamos como a concepção abstrata de interesse nacional é insuficiente para explicar a política externa dos Estados. Na literatura, muitos indicavam que determinados países, em períodos específicos, tinham concepções pervasivas de identidade nacional e ameaças externas. O grande desafio era trabalhar de forma teoricamente satisfatória essa questão, de maneira que pudesse gerar marco explicativo aplicável a vários países e períodos.

Um dos que se lançaram no estudo dessa questão, denominada "*role theory*" na literatura, foi o finlandês Kalevi Holsti. Ele terminou seu doutorado em 1961 e, desde esse momento, preocupou-se com o fato de as teorias até então disponíveis serem excessivamente limitadas aos Estados Unidos. Foi estudando a China antiga, as cidades-Estados da Grécia e o sistema regional italiano após o fim da Idade Média que Kalevi criou uma tipologia que permitia comparar as políticas externas em questões como orientações, objetivos, interesses e o que denominou de papéis (*roles*), definidos por ele como uma imagem das orientações e funções apropriadas de seus Estados com relação e no ambiente externo.

Para ele, portanto, estava claro que decisões importantes de política externa, como início de conflitos armados, dependiam dos objetivos, das ideias e de considerações de *status* de decisores influentes. Foi nesse diapasão que ele cunhou o termo "concepções de papéis nacionais" na APE – papel, aqui, seria uma noção inicialmente semelhante ao utilizado nas artes dramáticas. A sua contribuição, apoiada no estudo das declarações de 71 chefes de Estado, era que decisores tinham determinadas concepções sobre a atuação de seus respectivos Estados na política internacional e isso, por sua vez, influenciava a política externa em papéis específicos – ele identificou 17 em seu estudo, como protetor regional, libertador revolucionário e aliado fiel. Assim, pequenos países e grandes potências exercem diferentes papéis no sistema internacional, o que levava a políticas externas distintas. Sua agenda de pesquisa buscava compreender de onde nascem essas concepções, se havia diferença na forma como decisores as utilizavam e quais as consequências para o comportamento internacional dos Estados.

A teoria de Holsti acabou sendo elemento importante na conexão de teorias da APE com os modelos que privilegiam a estrutura do sistema internacional como elemento explicativo da política externa. Isso porque a definição de papéis seria influenciada pela interação de variáveis internas com a conduta estatal em suas relações internacionais, particularmente a forma que é percebida a expectativa de atores externos. Ela também se beneficiou de aportes de áreas diversas, que vão da Linguística à Teoria dos Jogos. Outra área de pesquisa que avançou nas duas últimas décadas é a relação entre a concepção que os decisores têm sobre o papel de seus Estados no sistema internacional e se a opinião pública consegue identificar e adotar essas mesmas estruturas. Há estudos de casos importantes apontando, por exemplo, como a concepção de papéis adotados por decisores de países como Japão e Alemanha passaram por profundas mudanças após os traumas nacionais da Segunda Guerra Mundial.

Nesse contexto, ocorreu significativo avanço no refinamento da teoria e certa convergência em torno de três fatores. O primeiro é que um mesmo indivíduo pode ter múltiplos papéis – um principal e vários auxiliares. Segundo, após um determinado indivíduo optar por um papel, ele tem de desempenhá-lo em ambiente social e sua capacidade de fazê-lo depende de fatores como outros papéis adotados, a saliência do assunto e a disponibilidade de tempo. O terceiro é que os indivíduos inseridos em um ambiente social sempre têm expectativas sobre os papéis de seus interlocutores, e estas mesmas expectativas são detectadas pelos indivíduos, que reagem calibrando suas ações de forma a reforçar ou se afastar dessas expectativas.

Na década de 1990, a política externa dos países da América Latina começou a ser examinada pelo prisma dessa teoria. Os países da região são consistentemente influenciados por determinados papéis, como autonomista, anti-imperialista, cliente e potência regional, por sua vez determinados por aspectos como ideologia de atores domésticos, natureza da economia e elementos interacionais, como a pressão do governo americano ou relacionamento com vizinhos. É sob este último aspecto que essa teoria teve impacto na explicação da política externa brasileira, em particular dos anos de ativismo regional. A produção acadêmica do pesquisador Feliciano de Sá Guimarães tem, nesse caso, oferecido contribuições para compreender como países que exercem o papel de líderes regionais podem ser socializados e mudar o papel que exercem mesmo na ausência de ajustes na distribuição de poder do subsistema internacional no qual estão inseridos.

Esse mesmo pesquisador também inovou ao utilizar *role theory* para estudar o tema da identidade do país no sistema internacional. Como apontamos no capítulo "O que é política externa?", um dos trabalhos pioneiros de construção do campo de APE no Brasil foi a contribuição de Celso Lafer. Ele publicou, em 2000, um artigo no prestigioso periódico *Daedalus* sistematizando como a identidade do Brasil afetava sua inserção internacional. Feliciano, dando seguimento a essa reflexão, buscou identificar a ambivalência do discurso diplomático brasileiro em posicionar o país ao mesmo tempo no Ocidente, na América Latina e como nação em desenvolvimento. Esse quadro complexo de pertencimento leva à sedimentação de um mosaico identitário com profundas contradições, o que afeta particularmente a forma como o país se posiciona diante de seus vizinhos na América do Sul.

Análise do processo decisório

Em junho de 1965, militares brasileiros deslocaram-se para uma área de Porto Coronel Renato, no oeste do estado do Paraná. Alguns meses depois, militares e civis paraguaios, armados, deslocaram-se para o local, hasteando a bandeira e cantando o Hino Nacional do seu país, o que gerou choque com autoridades militares brasileiras na região. A questão era grave e refletia tensão mais ampla decorrente do aproveitamento energético dos cursos dos rios da Bacia do Prata, contenda também envolvendo a Argentina. O Paraguai argumentava que havia um trecho de 20 quilômetros de fronteira ainda não demarcado, enquanto o Brasil negava a existência de qualquer litígio, pois entendia que a área fora integralmente definida em tratados. Os choques de 1965 entre os dois governos reverberaram tensões políticas mais amplas no centenário da Guerra da Tríplice Aliança (também chamada de Guerra do Paraguai), o conflito mais sangrento da história do Cone Sul. O potencial de escalada era alto e as consequências, de difícil previsão.

Em junho de 1966, no entanto, em encontro dos chanceleres do Brasil e do Paraguai em Foz do Iguaçu foi assinada a Ata das Cataratas, que diminuiu o quadro de tensão bilateral ao estabelecer que a energia elétrica eventualmente produzida pelos desníveis do rio Paraná na região seria dividida em partes iguais entre os dois países. Alguns anos depois, optou-se por um posicionamento da hidroelétrica que inundaria a área questionada. Ocorreu, portanto, importante evolução na política externa brasileira.

Há, na APE, várias formas de explicar essa questão. No capítulo anterior, analisamos o papel dos indivíduos; aqui, examinaremos o que tradicionalmente é definido como análise do processo decisório, usando essa crise com o Paraguai como estudo de caso e focando particularmente na reunião de março de 1966 do Conselho de Segurança Nacional do governo brasileiro, que ocorreu no auge da crise.

MODELO DO ATOR RACIONAL

Na apresentação do caso citado, indicamos os atores como países: o Paraguai argumentou; o Brasil negou. Há, portanto, uma antropomorfização dessas entidades abstratas. Muitos trabalhos usam esse marco analítico dentro de uma tradição teórica originária da disciplina de economia denominada "modelo de ator racional". Mas o que vem a ser racionalidade? O termo tem muitos significados. Para leigos, pode ser equivalente a adjetivos como inteligente, bem-sucedido, desejável, materialista (em contraposição à idealista) ou são (do ponto de vista da saúde mental). Tem, em todas essas dimensões, uma conotação positiva, geralmente indicando que uma ação racional leva a bons resultados.

Isso, no entanto, não corresponde ao modelo do ator racional. O termo "racional", aqui, é compreendido em uma lógica procedimental de escolha baseada em preferências e não vinculado necessariamente a resultados bons ou ruins. Em sua dimensão acadêmica, indica que os atores, ao identificar problemas, buscam informações e estudam alternativas de ação, examinando suas possíveis consequências e como atendem a preferências preexistentes, maximizando os benefícios esperados.

Modelos mais simples trabalham sob a premissa que decisores compartilham conjunto específico de preferências e que têm conhecimento sobre as alternativas e suas potenciais consequências. A lista de críticas a essa abordagem é longa. Começa com o fato de estudos empíricos indicarem que tomadores de decisão têm objetivos inconsistentes. Além disso, geralmente consideram somente algumas alternativas, não examinando as possíveis consequências de cada uma. Há, também, por parte desses atores sérias limitações em termos de atenção, compreensão e comunicação.

Essas dificuldades criaram incentivos para modificações do modelo. A área foi particularmente revolucionada ao final da década de 1970 pelo que se denominou de "*prospect theory*", que propunha a tese de que os seres humanos são avessos ao risco em decorrência de atribuírem peso excessivo a resultados de pouca probabilidade de ocorrência, com maior predisposição em evitar perdas do que assegurar ganhos. O estudo desse fenômeno, no caso do contencioso do Brasil com o Paraguai, poderia ser vislumbrado na possibilidade do uso de arbitragem para dirimir a questão. Autoridades brasileiras tinham certeza de que o território contestado pelo Paraguai era brasileiro. Se esse era o caso, por que a opção pela arbitragem não foi defendida com mais afinco durante a crise? Há uma série de fatores que ajudam a responder essa pergunta, mas pelas lentes da *prospect theory* a incerteza de um processo de arbitragem que poderia levar à derrota da posição brasileira, mesmo sendo um risco baixo, era via pior do que o *status quo*.

Outro conceito associado à *prospect theory* é o de custos afundados ou irrecuperáveis. Ao enfrentar um determinado problema, os decisores o analisam não a partir de um cálculo de custo e benefício do momento, mas levam em consideração o comprometimento de recursos já empregados. Isso explica a razão de muitas políticas terem caráter inercial, sendo adotadas e executadas mesmo quando não fazem mais sentido ou há opções melhores. Isso, do ponto de vista de uma visão tradicional de racionalidade, seria equivocado. No nosso caso, o poder dos custos afundados é observável, por exemplo, no raciocínio de vários decisores, como Golbery do Couto e Silva. Para ele, o Brasil já tinha investido pesadamente na aliança com o Paraguai nas décadas precedentes, inclusive na capacitação das forças armadas paraguaias. Fazer um movimento de escalada ou investindo na continuidade do conflito poderia colocar em risco esses esforços.

Toda essa agenda abriu o caminho para melhorar o alcance explicativo do modelo do ator racional. No capítulo "Métodos, previsão e influência", quando discutiremos como é possível ser um melhor analista de política externa, exploraremos mais esse tema.

PROCESSO ORGANIZACIONAL

Analisando o exemplo que abriu o nosso capítulo, observamos que o Brasil não tomou ciência do problema, tampouco definiu prioridades, avaliou curso de ações e tomou decisões. Isso decorre do fato de o governo brasileiro não ser um ator único – ele é composto por indivíduos inseridos em diversas organizações burocráticas. Partindo desse contexto, podemos compreender um problema de política externa pelo estudo do processo organizacional das várias unidades governamentais. A análise começa com a premissa de que o poder Executivo do governo é composto de várias entidades e órgãos, da Presidência da República, passando pelos ministérios e se desdobrando em embaixadas, como a do Brasil em Assunção, e destacamentos militares, como aquele em Porto Coronel Renato.

Poder-se-ia argumentar que o Estado, apesar de ter várias unidades, funciona de forma hierárquica, com as instâncias subordinadas respondendo a comandos superiores. Como apresentamos anteriormente, na questão sobre agente e estrutura, isso é uma expectativa irrealista. O Estado, na verdade, visto pela constelação de seus órgãos e entidades, é um conglomerado que atua de forma interdependente, com muito espaço para conflitos no processo de formulação e implementação da política externa.

A consequência para a APE dessa visão é que organizações têm grande impacto na definição de um determinado problema, no processamento de informações e na ação. Pela abordagem que privilegia o processo organizacional, isso é feito segundo os procedimentos operacionais de rotina. Compreendendo quais são esses, podemos ajudar a explicar e até tentar prever como essas instituições atuam e atuarão. Para discutir essa questão, devemos voltar ao passado, particularmente para o século XIX. Foi nesse período que emergiram tipos específicos de organizações que revolucionaram a economia, o Estado e o cotidiano de habitantes em todo o globo. No setor privado, isso decorreu da especialização das cadeias de produção voltadas para a satisfação de mercados consumidores cada vez maiores. Tal fato exigiu uma rigorosa formalização organizacional e de processos de ação que, no início do século seguinte, levaram vários acadêmicos a definir organizações como um sistema de comportamento social no qual indivíduos agem segundo incentivos.

O estudioso mais influente para compreender essas transformações foi o sociólogo Max Weber. Para ele, tanto o setor privado como o Estado moderno eram caracterizados por uma especialização rígida decorrente da divisão do trabalho, uma estrutura normativa que cria cadeias de comando e relaciona obrigações para os participantes. Essa seria a base das burocracias, consideradas por ele as formas de dominação mais eficientes da atividade humana.

A visão da literatura tradicional nesse tema privilegiou abordagem mecânica indicando que as burocracias processavam informações e decisões de forma padronizada. Por essa via explicativa, um determinado tema de política externa seria apreendido e processado dentro do governo segundo eixos de competência predeterminados. Assim, a questão objetiva da provocação do grupo de militares e civis paraguaios no local da fronteira era matéria do Exército. O fato de os soldados brasileiros não terem revidado e, assim, escalado o conflito para outro patamar poderia ser explicado pelas características operacionais que guiavam os militares naquele momento. Já a definição do problema do ponto de vista das relações diplomáticas coube ao Ministério das Relações Exteriores, que o concebeu dentro do viés político das relações bilaterais e atuou, segundo seus procedimentos-padrões, utilizando mecanismos específicos de comunicação com o governo paraguaio.

Mas essa visão compartimentada, apolítica e até certo ponto determinista, assim como a primeira "lente" analítica que apresentamos (a do ator racional), não consegue ter suficiente alcance explicativo no caso. As organizações podem até funcionar com procedimentos padrões em problemas de rotina na área de política externa. Os casos graves, contudo, tendem a ser apreciados pelo aparelho estatal de forma política. Em situações de crise, geralmente há maior demanda por coordenação e controle, algo realizado pelo líder político, no caso, o presidente. Os problemas, ademais, não são fatiados e recaem de forma precisa em órgãos estatais para serem processados de forma separada em cada um. Por essas limitações, é relevante estudar uma terceira via analítica: a política burocrática.

POLÍTICA BUROCRÁTICA

A análise da política externa brasileira pode ser realizada por uma terceira abordagem: a de que a ação externa do país reflete a interação política dos principais indivíduos que estão no topo das organizações mais importantes do setor público, cada um com seus objetivos, interesses e recursos. Dentro desse arcabouço analítico, para explicar a mudança da política externa brasileira é necessário identificar os atores relevantes, compreender os tabuleiros de negociações envolvidos e indicar as coalizões e as barganhas.

As lentes teóricas dessa abordagem indicam que assuntos profundamente relevantes para a segurança nacional são definidos de forma política e não refletem automaticamente princípios gerais de interesse nacional ou da rotina organizacional de burocracias. Isso é uma premissa de certa forma contrária ao que muitos acreditam ser o fundamento dessa política pública (ou o que ela deveria almejar ser) – uma área governada por princípios acima do choque de posições do processo político mundano.

Para os adeptos da política burocrática, a inserção internacional de um país não resultaria de um ator unitário agindo de "forma racional", que faria uma avaliação da realidade, estabeleceria objetivos, conceberia hipóteses de ação e calcularia possíveis consequências. Seria muito difícil encontrar situações em que uma visão coerente guiaria a política externa. Somente mergulhando na análise do processo decisório poder-se-ia compreendê-la. É por isso que muitos avaliam as contribuições desse campo como caracterizando a abertura da "caixa-preta" do Estado.

Assim, durante a crise com o Paraguai, na manhã de 11 de março de 1966, por exemplo, reuniu-se no Palácio do Catete toda a cúpula do governo brasileiro no Conselho de Segurança Nacional – do presidente Humberto Castelo Branco ao escritor e diplomata João Guimarães Rosa, então chefiando a Divisão de Fronteiras do Ministério das Relações Exteriores. No evento, não foram rotinas organizacionais que guiaram a ação, mas a capacidade, o poder e a habilidade dos participantes. Cada um lidava com problemas distintos, sendo o com o Paraguai somente um. Este, por sua vez, desdobrava-se em várias questões – como definir quais eram as intenções do governo paraguaio, considerar se efetivamente a fronteira havia sido demarcada, pensar se era necessário deslocar mais tropas para a região, determinar qual canal de comunicação deveria ser utilizado.

Observamos, aqui, que a autoridade política é fragmentada no governo entre várias instituições, liderada por indivíduos com preferências distintas e que utilizam a persuasão para influenciar seus colegas. A política externa, nesse contexto, seria o processo de interação na construção de decisões. As preferências de cada indivíduo na mesa decisória, por sua vez, seriam predominantemente influenciadas pela posição institucional ocupada pelos atores e por preocupações domésticas, organizacionais e até pessoais.

Talvez uma das lições mais importantes para o analista é que devemos ter muito cuidado ao explicar determinadas ações em política externa com base em doutrinas e ideias abstratas. No caso que abriu o capítulo, então, seria inadequado argumentar, sem maior fundamentação empírica, que uma política tradicional pacifista guiou a decisão brasileira. Para os proponentes do modelo teórico da política burocrática, explicar adequadamente o caso exige saber quem participou do processo decisório (e em qual contexto institucional se deu a interação), o que determinou a posição de cada um e como as preferências dos participantes foram agregadas. É, portanto, uma análise sobre processos e não sobre resultantes, com o primeiro elemento moldando o segundo.

A primeira das três questões remete ao que se convencionou denominar de "unidade de decisão". Na tipologia mais tradicional, observa-se que pode ser um líder poderoso, um grupo único, geralmente indivíduos de uma mesma organização e, por fim, um conjunto de atores oriundos de diversas instituições. A unidade de decisão constituída somente por um líder poderoso é rara, mas não impossível de ser encontrada. Isso geralmente ocorre em reuniões de cúpula nas quais decisores se encontram às portas fechadas e sem assessores. O segundo caso, de atores de uma mesma organização, é mais comum do que a situação anterior e em geral ocorre quando um determinado tema recai exclusivamente sobre só uma organização. Como consideramos no capítulo "O que é política externa?", nesse campo isso é cada vez mais raro em decorrência do entrelaçamento entre as políticas públicas. Por fim, há o caso do conjunto de atores de instituições distintas, situação analiticamente mais interessante.

A natureza de uma unidade de decisão decorre da conjunção de vários fatores, como assunto, tipo de decisão, regras formais e antecedentes. Quanto ao assunto, uma discussão sobre negociações comerciais tenderá a demandar a participação de órgãos econômicos do governo, como o Ministério da Fazenda. Já matérias mais técnicas, como a regulação da aviação civil internacional, em geral, levam à participação do órgão doméstico que lida com o tema, a Agência Nacional de Aviação Civil. O tipo de decisão também afeta a constituição da unidade de decisão. Como apontamos no capítulo "O que é política externa?", há um ciclo de política externa que vai da definição da agenda até a implementação. É nítido que o conjunto de atores envolvidos evolui segundo essas fases. A Presidência da República, nessa visão, por exemplo, poderia agir em uma unidade decisória em fase específica da negociação, como no início, quando as áreas técnicas recebem instruções, ou posteriormente, quando o resultado do processo deve ser submetido ao Parlamento.

Regras formais exercem grande impacto na definição da unidade decisória. A Constituição Federal, leis domésticas e portarias ministeriais determinam quem pode participar de unidades decisórias. O Parlamento, por exemplo, tende a ser necessariamente participante nos casos em que o poder Executivo tem dificuldade em garantir a aprovação doméstica de um acordo negociado externamente. Em outros casos, há exigência que um determinado assunto seja conduzido em conselhos e comissões, como é o caso das decisões sobre política tarifária – a maioria deve ser aprovada pela Câmara de Comércio Exterior (Camex). Muitas vezes, vigoram mecanismos padronizados (analisados anteriormente). Problemas de política externa processados rotineiramente de uma mesma forma tendem a ser conduzidos assim em ocasiões subsequentes.

Assim como a questão da agenda (ver parte final do capítulo "O que é política externa?"), deve-se considerar que a definição da unidade de decisão é um processo político. Cada ator com interesse na questão tende a buscar participar de sua constituição invocando instrumentos legais, competência técnica e legitimidade junto a grupos sociais relevantes. O presidente tem grande capacidade em arbitrar não só o processo decisório como a própria constituição da unidade decisória.

A literatura de APE tende a privilegiar casos em que há um ambiente colegiado de relativo equilíbrio entre os atores. Deve-se considerar, todavia, que nem todas as decisões governamentais agregam níveis hierárquicos mais altos e são apreciadas em ambiente colegiado, como a crise com o Paraguai. É muito comum a existência de uma especialização organizacional no seio da unidade decisória, com as variadas tarefas sendo executadas por atores específicos.

Ao participar do processo decisório, como apontamos no capítulo anterior, cada ator político pode representar o problema de maneira distinta. Na crise com o Paraguai, por exemplo, um dos fatores agravantes foi a movimentação militar executada por uma das unidades do Ministério da Guerra (4ª Divisão de Cavalaria), que inicialmente concebia a região predominantemente sob o ponto de vista da segurança. Nela havia campos de pouso clandestinos para aviões e depósitos para material ilegal. Esse era também o foco de atenção do Ministério da Indústria e do Comércio, preocupado sobretudo com o contrabando de café e gado, que via a reação do Paraguai no caso como decorrente não de questões geopolíticas, mas como resistência à maior ação do governo brasileiro em conter desvios tributários na região. Já o ministro do Planejamento, Roberto Campos, preocupava-se como a controvérsia afetaria as fontes de financiamento internacionais necessárias para a construção de uma hidrelétrica – na opinião dele, seria praticamente impossível viabilizar os recursos necessários sem que a controvérsia bilateral fosse dirimida. O Ministério de Minas e Energia, por sua vez, estava interessado primordialmente no aproveitamento energético do rio Paraná, que passava pela área de litígio. Seu objetivo principal, nesse contexto, era não só garantir que fosse construída uma hidrelétrica, como conseguir que fosse feita em território nacional e suprisse as necessidades futuras de consumo brasileiro.

Essas divergências na representação do que seria o problema bilateral ocasionaram diferenças na percepção das intenções do governo paraguaio e na definição de prioridades. Os decisores, no entanto, não são autômatos da organização que representam. Muitos, inclusive, por razões políticas ou idiossincráticas, podem defender posições contrárias à organização que representam. É por isso que, não raro, a mudança de pessoal na cúpula do governo pode ter efeito na dinâmica decisória. Por outro lado, não podemos afirmar que as organizações burocráticas nas quais os indivíduos estão inseridos são irrelevantes, pois elas socializam os incumbentes.

No caso da crise com o Paraguai, isso pode ser observado com relação à posição de Juracy Magalhães e de Roberto Campos. No início da crise, em 1965, Juracy ocupava a chefia do Ministério da Justiça; sua posição, então, era de distanciamento da discussão, sem envolvimento direto. No início de 1966, todavia, ele assumiu a chefia do Ministério das Relações Exteriores. A partir desse momento, além de apresentar uma posição ativa no processo decisório, abraçou plenamente aquela defendida pelo Itamaraty. Isso é um reflexo de um pressuposto teórico importante da análise de processo decisório de que sua posição em um tópico depende, em grande medida, "de onde você senta". Isso, no entanto, não é uma regra. Roberto Campos era um diplomata de carreira, mas servia como ministro do Planejamento durante a crise. Sua posição, contudo, foi plenamente convergente com o seu órgão de origem profissional.

Muitas vezes, o que importa é a experiência pregressa que um determinado decisor tem com o tema. Golbery do Couto e Silva, o chefe do Serviço Nacional de Informações (SNI), por exemplo, foi profundamente influenciado pelos três anos que trabalhou em Assunção, capital do Paraguai, e no relacionamento que criou com o presidente paraguaio e seus assessores – e não pelo ideário militar ou princípios padronizados do SNI, uma instituição criada em 1964. Isso deixou-o mais sensível aos efeitos que a ostensiva presença de militares brasileiros na região tinha na opinião pública paraguaia. Essa posição era contrária à de muitos colegas das Forças Armadas, que não admitiam de forma alguma a retirada dos militares brasileiros da região.

E qual o poder relativo de cada ator? Em regimes presidenciais, o mandatário certamente exerce maior poder e, abaixo dele, os seus assessores mais diretos e os ministros de Estado. O perfil do presidente varia muito com relação ao processo decisório. Se ele concentra poder e trata dos assuntos separadamente com cada ator de relevo, a dimensão de política burocrática é menor. O modelo de colegiado, por sua vez, emerge quando o presidente não tem uma preferência fixa por um curso de ação predeterminado e prefere que todas as partes relevantes debatam em um ambiente formal ou informal em que ele pode se colocar como um mediador. Mesmo nesse caso, todavia, o presidente pode moldar o espectro de possibilidades sobre o que pode ser decidido. No caso do presidente Humberto Castelo Branco, no início de 1966, ele já havia decidido não escalar a crise com o deslocamento de mais tropas para a região, considerou que a fronteira estava já definida, faltando somente a caracterização, e optou por encaminhar uma nota diplomática para o governo paraguaio. Isso, por si só, já empoderou os atores que privilegiavam uma resolução amigável para o problema. Pelo fato de o presidente ter delegado ao Ministério das Relações Exteriores a tarefa de fazer a minuta da nota que seria encaminhada para o governo em Assunção, fortaleceu-se significativamente este órgão em detrimento dos demais.

Além da influência presidencial, nesse tipo de processo decisório, o poder relativo dos atores depende, entre outros fatores, da capacidade de persuasão, da autoridade formal, do controle sobre recursos para implementar a decisão e do interesse em se envolver. Em março de 1966, por exemplo, participaram da reunião 24 pessoas, muitas chefiando áreas do governo sem qualquer autoridade formal ou recursos para implementação de ações na questão discutida – como os ministros Pedro Aleixo, da Educação, e Walter Barcellos, do Trabalho e Previdência Social. Mesmo se fossem muito persuasivos e tivessem grande interesse no tema, teriam capacidade limitada de influência. Em outros casos, a própria ausência no ambiente decisório diminui o poder de um ator – como o caso do ministro Mem de Sá, da Justiça, que não participou da reunião.

Temos de diferenciar a vantagem potencial daquela efetiva. Muitas vezes, um ator governamental tem grande capacidade de persuasão, autoridade formal e recursos para implementar a decisão, mas opta por não se engajar no processo decisório. Isso pode decorrer de um cálculo tático para valorizar sua posição em outros assuntos que julga mais relevante, pois devemos recordar que cada ator está inserido em múltiplas disputas.

Além dos fatores já mencionados, a percepção dos decisores de que algumas competências são importantes no processo decisório eleva a relevância dos atores que as possuem. Isso é observável no caso que estamos examinando. Além de o problema ter sido definido como de natureza diplomática, fortalecendo os atores dessa área, também havia a necessidade de grande conhecimento sobre o processo de definição de fronteiras e, mais importante, de capacidade de redação de notas jurídicas com base no direito internacional – como apontou o ministro da Fazenda, Otávio Bulhões, deveria ser de leitura amena, fácil. Isso fortaleceu, no processo decisório, a posição do diplomata e escritor João Guimarães Rosa. Apesar de estar hierarquicamente abaixo de outros participantes, tinha grande conhecimento técnico sobre a conformação das fronteiras do país e, mais importante, era um dos melhores escritores brasileiros, sendo membro da Academia Brasileira de Letras.

O QUE AFETA O PROCESSO DECISÓRIO?

Se os participantes compartilham um conjunto de crenças, há tendência a ter menos conflitos no processo decisório. Em uma primeira análise, poderíamos esperar que as escolhas de assessores e ministros do chefe do Executivo recaíssem sobre personalidades com uma mesma visão de mundo. Isso, contudo, não é correto. Mesmo Estados autoritários em que o chefe do poder Executivo tem grande controle do processo político, seus assessores podem ter perfis distintos ao encarar problemas de política externa. Isso tende a ser ainda mais sensível em democracias, como observaremos oportunamente, pois o governante provavelmente terá de compor seu gabinete e ocupar posições relevantes de acordo com as diferentes forças políticas que o apoiam.

Se, por um lado, cada um desses participantes está vinculado a uma instância institucional, como ministérios, por outro, a dinâmica de barganha e divisão de tarefas também se reproduz em cada uma dessas "caixas" organizacionais. Quando Juracy Magalhães relatou a posição do Ministério das Relações Exteriores, ele na verdade apresentava o resultado de atividades de vários grupos de trabalho internos. Na própria reunião, de junho de 1965, ele foi acompanhado por cinco assessores, cada um com preferências distintas sobre como conceber o problema e conduzir a questão no plano doméstico e bilateral. Enquanto um diplomata propunha o deslocamento do destacamento militar para uma área mais afastada da fronteira, o ministro achava que isso afetaria a soberania, o prestígio e o pundonor nacional.

Não se pode fazer a análise do processo decisório de um caso específico de maneira isolada, esquecendo o ambiente mais amplo no qual ele é conduzido. Em qualquer situação, o governo enfrenta vários problemas e um comumente afeta os demais. Isso é bem claro na crise com o Paraguai. O presidente Humberto Castelo Branco explicitou a todos os seus colaboradores ter a crença de que o Brasil era um país vulnerável na América do Sul e que o relacionamento com o Paraguai era estratégico para lidar com o problema fundamental do país na região – a limitação da hegemonia argentina. Sem compreender a evolução deste último aspecto, não é possível fazer uma análise adequada do conflito com o Paraguai. Um dos mais sensíveis a esse aspecto geopolítico era o general Golbery do Couto e Silva – a aliança do Brasil com o presidente Alfredo Stroessner e o Partido Colorado decorria de uma aliança estratégica para resguardar-se da Argentina.

O processo de agregação de preferências dos participantes aponta para algo analiticamente muito interessante: um determinado país muitas vezes pode enfrentar mais resistência no plano doméstico do que no âmbito diplomático. Isso é observável em estágio posterior à questão do aproveitamento energético da região de Sete Quedas. Como mencionado anteriormente, em meados de 1966, os governos do Paraguai e do Brasil assinaram a Ata das Cataratas, na qual se definiu que a energia produzida por uma hidrelétrica na região seria dividida equitativamente entre os dois parceiros. Isso reduziu drasticamente a tensão que quase levou a uma mobilização militar, mas por si só não resolveu a questão da definição do traçado da fronteira.

As preferências no governo brasileiro eram diversas. A maioria dos militares estava convencida a não ceder um milímetro da tese tradicional do país, mesmo que isso levasse a embates mais agressivos. Os engenheiros da Eletrobras, por sua vez, preocupavam-se precipuamente com a estrutura do empreendimento e já tinham um desenho preliminar sobre a sua possível localização, a 50 quilômetros da fronteira. Para parte dos diplomatas, no entanto, era essencial ligar as duas questões, havendo preferência para que a hidrelétrica fosse deslocada exatamente para a fronteira, e que a zona litigiosa fosse inundada pelas águas da represa. O processo de agregação das preferências foi essencialmente político, com cada ator posicionando-se no plano interno e externo segundo seus interesses e tentando minar a posição de seus respectivos adversários. Não é oportuno para os propósitos didáticos adentrar nos meandros dessa dinâmica, mas podemos considerar que a atuação diplomática ganhou proeminência em decorrência do convencimento de setores relevantes da área militar e principalmente do presidente da República.

A abordagem da política burocrática, que examina o processo decisório nesse tipo de situação, tem décadas de pesquisa. Ao longo desse tempo, várias categorias conceituais e noções gerais com grande alcance explicativo foram construídas com base em centenas de estudos de caso. Um primeiro aspecto que devemos salientar é a caracterização do tipo de decisão em simples ou sequencial e entre singulares ou interativas. No primeiro caso, a situação se encerra no momento em que a decisão é tomada, não se voltando mais a ela. Esses casos, no entanto, são raríssimos; a maioria se insere em uma dinâmica sequencial, em que várias decisões são tomadas ao longo do tempo por um conjunto de decisores. Além disso, essas podem ser caracterizadas pela interação com atores externos (interativas), o que torna complexa a análise, pois isso muitas vezes obriga a compreensão da dinâmica de ação dos atores em múltiplos níveis de análise.

A crise com o governo paraguaio seria um caso sequencial interativo. Entre 1965 e 1966 foram tomadas várias decisões – uma delas sobre o conteúdo da nota diplomática submetida pelo governo brasileiro, em março de 1966, na reunião do Conselho de Segurança Nacional que apresentamos. Ela é interativa porque sua existência decorreu das notas trocadas com o governo paraguaio nos meses precedentes e por desenvolvimentos no território litigioso e em Assunção.

Seu caráter sequencial decorre de decisões anteriores, como a que definiu que o Brasil optaria por uma nota diplomática e não outro canal de comunicação com o governo paraguaio, sendo seguida por outras decisões – como a de não utilizar arbitragem.

Outra tipologia importante na análise do processo decisório é se as decisões são rotineiras ou não rotineiras. Essa característica depende se as decisões são repetitivas e, assim, contam com procedimentos e processos definitivos. Como exemplo de rotineiras, podemos apontar a decisão sobre o conteúdo do discurso brasileiro na abertura da Assembleia Geral da Organização das Nações Unidas – algo que já examinamos quando discutimos o tema da formação de agenda. Esse é o tipo de decisão que ocorre anualmente, em geral no início do segundo semestre, e a regularidade permite a criação de rotinas no processo decisório, tanto na composição dos atores como na interação deles para gerar uma decisão final. Problemas que emergem de forma não rotineira, por sua vez, como o choque com o Paraguai, tendem a ter um processo decisório mais imprevisível.

Um elemento central na caracterização do ambiente decisório é se há constrangimento de tempo para a ação dos participantes. Já observamos, no capítulo anterior, como essa pressão pode facilitar a existência de *groupthink*. É importante reforçar que, quando os decisores confrontam esse desafio, há uma tendência a não trabalharem no modelo cognitivo previsto pelo modelo do ator racional. Isso, em alguns casos, pode fortalecer os procedimentos de operação-padrão organizacionais anteriormente examinados. Na crise com o Paraguai, os decisores pareciam cientes desse problema, o que levou muitas vezes a longas demoras nas respostas às notas diplomáticas paraguaias. Em certos momentos, contudo, não foi possível ter tempo disponível – como na mobilização das tropas na região de fronteiras.

CRÍTICAS À POLÍTICA BUROCRÁTICA

Criada na década de 1970, a abordagem de política burocrática sofreu várias críticas. A primeira é o fato de que era tão complicada e incorporava tantas variáveis que seria impossível ter uma explicação parcimoniosa – havia excessiva complexidade e dificuldades em compreender quais eram as variáveis dependentes e independentes e qual era o peso relativo de cada uma.

A segunda crítica é que a política burocrática quase nunca é confinada ao poder Executivo. Há uma ampla estrutura de poder com influência na política externa, como parlamentares, tribunais e atores sociais. Muitos apontam que uma abordagem de comunidades de atores poderia ser mais interessante (*"policy communities"*). Este termo ganhou relevância na década de 1980 com os trabalhos de John Kingdon. Para ele, em toda política pública há um grupo de especialistas espalhados dentro e fora do governo com grande preocupação sobre o que está acontecendo nesse domínio. Eles buscam moldar a ação governamental pela publicação de artigos, pela interação social e pela formação de coalizões. Essa rede escapa do modelo burocrático hierárquico centrado no Executivo.

A terceira é a de que a teoria foi criada dentro de um contexto americano e, particularmente, o existente no Executivo durante a Crise dos Mísseis de Cuba (1962). Esse ambiente institucional seria difícil de replicar em outros períodos e em outros países. Há, também, uma discussão sobre as consequências dessa teoria para a responsabilização dos governantes. Se a origem de uma decisão não poderia ser conectada a nenhum indivíduo em específico e sim a um processo, os participantes poderiam sempre invocar não terem responsabilidade por ela. Também teríamos dificuldades na forma como concebemos a liderança política. Um bom líder não seria aquele com os valores e objetivos adequados, mas aquele com as habilidades para superar constrangimentos organizacionais e políticos. Seria o triunfo do processo sobre os fins.

Por fim, temos a tese de que a lente analítica da política burocrática não refletiria a forma como o governo funciona, pois o chefe de Estado teria muito mais poder do que o atribuído a ele. Se os indivíduos que ele escolhe para liderar ministérios e outros órgãos não correspondem à sua visão de mundo, ele pode demiti-los, ainda que isso tenha custos. No caso examinado no capítulo "O que é política externa?", por exemplo, Dom João VI optou por afastar da chefia da pasta de Negócios Estrangeiros o francófono António Araújo de Azevedo ao ter optado pela aliança com os britânicos. O presidente, ademais, é o responsável em grande parte por determinar o ambiente no qual as decisões são tomadas. A escolha pelo Conselho de Segurança Nacional como ambiente para discussão da crise com o Paraguai foi feita pelo presidente Humberto Castelo Branco. Ele poderia muito bem ter conduzido tudo de modo informal, escolhendo os canais de ação, os atores que desejava consultar e de que forma levaria em consideração a opinião de terceiros. A política burocrática, nesse contexto, seria muito menos uma característica do processo governamental do que uma opção do presidente, que escolheu se colocar em uma posição menos hierárquica em um âmbito colegiado.

Mesmo com todas as críticas, o marco teórico continuou a ser utilizado e melhorado nas décadas seguintes. Os esforços mais promissores vieram de trabalhos buscando conectar abordagens de psicologia social, cultura organizacional e, mais importante, observando em quais condições a política burocrática está presente e pode ser considerada relevante na explicação da política externa.

INTEGRAÇÃO DE MODELOS (TEORIA POLI-HEURÍSTICA)

Desde que foram criadas essas três lentes analíticas (ator racional, organizacional e política burocrática) se discute como podem ser integradas em modelos explicativos de APE mais sofisticados. Nos últimos

20 anos tem se popularizado uma abordagem denominada de "poli-heurística". Ela tenta utilizar a visão de racionalidade tradicional do indivíduo e combiná-la com o que se convencionou chamar de "abordagem cognitiva". A ideia da teoria é conseguir explicar tanto a escolha por uma decisão como o processo pelo qual se chegou a ela, partindo da premissa que é equivocada a tese de que os Estados são comandados por atores racionais.

A teoria poli-heurística postula que indivíduos agem segundo um processo de dois estágios. No primeiro, o conjunto de possibilidades de escolha é reduzido por intermédio de atalhos mentais. Nesse caso, os decisores rejeitam cognitivamente, de maneira quase instintiva, possibilidades inaceitáveis. O acervo de casos estudado indica que estão preocupados sobretudo com a política doméstica, o que é denominado de "custo de audiência", ou seja, o desgaste que uma determinada pessoa enfrentará junto a seus apoiadores optando por um curso de ação. A implicação é que decisores tendem a rejeitar sem qualquer reflexão profunda opções que geram custos políticos, entendidos como a ameaça à sobrevivência política do líder e de seu grupo imediato de apoiadores, incluindo também valores considerados centrais, como dignidade, honra e legitimidade; a queda significativa no apoio do público a uma determinada política ou em sua popularidade; a possibilidade de derrota eleitoral; e a ameaça à sobrevivência do próprio regime. No segundo estágio, haveria uma escolha segundo padrão mais regular de maximização de benefícios. A teoria não teria aplicação geral. Ela consegue explicar casos mais específicos de problemas de política externa, como o uso de força nas relações internacionais, o teste de armas nucleares e a decisão por terminar um conflito.

No caso que estamos utilizando para ilustrar este capítulo, essa teoria é particularmente oportuna para compreender as escolhas de alternativas. Vários decisores do governo brasileiro sabiam como o tema do uso econômico de recursos transfronteiriços era sensível para autoridades paraguaias, que estavam sob grande pressão de setores nacionalistas. A tese de que o território seria brasileiro era rejeitada de imediato pelo governo paraguaio, pois caso contrário os custos políticos domésticos seriam altíssimos. Adicionalmente, se o governo brasileiro forçasse a mão, a sociedade paraguaia se conflagraria contra o Brasil. Os decisores brasileiros, principalmente os atores com conhecimento sobre a sociedade paraguaia, sabiam disso e já eliminaram de antemão hipóteses que fragilizavam de forma demasiada a posição política do grupo político do presidente paraguaio Alfredo Stroessner. Como pode ser visto por esse exame, a teoria poli-heurística tem grande potencial e consegue ser aplicável a regimes não democráticos, tema que estudaremos no próximo capítulo.

O CICLO DA POLÍTICA EXTERNA (IMPLEMENTAÇÃO)

No capítulo "O que é política externa?", tratamos do ciclo de políticas públicas, apresentando a definição de agenda. Grande parte deste capítulo lidou com outra dimensão desse ciclo: a formulação da política externa. Resta-nos, agora, trabalhar o tema da implementação. Um primeiro aspecto a ser apreciado é que, na maior parte dos casos, decisões na área de política externa não são autoexecutáveis e não se esgotam no processo de definição de um curso de ação específico.

Quando pensamos nos instrumentos da política externa dos Estados, podemos identificar a existência de vários instrumentos, como os diplomáticos, militares, econômicos e culturais. Do ponto de vista dos diplomáticos, destacam-se os canais de comunicação, de negociação e de construção de confiança. Na perspectiva militar, há aqueles relacionados com ameaças e guerras. Já os econômicos, em geral, vinculam-se à utilização de sanções, ajuda econômica, promoção ou restrição de investimentos e ampliação ou diminuição de barreiras ao comércio. Por sua vez, os aspectos culturais referem-se às afinidades ideológicas, de identidades, de trajetórias compartilhadas e às dinâmicas de socialização. Em geral, os estudos sobre a utilização desses instrumentos em situações específicas apontam a dificuldade de se estabelecerem relações diretas entre a sua utilização e os resultados de política externa. Na prática, portanto, a utilização desses instrumentos envia sinais para atores domésticos e internacionais em relação a objetivos pretendidos.

Um aspecto relevante a ser notado, na perspectiva de um livro de APE escrito por pesquisadores brasileiros, é que os Estados têm diferenças significativas quanto aos instrumentos que detêm para tentar alcançar seus objetivos de política externa. Os mais poderosos tendem a ter mais instrumentos e maior capacidade de utilização. No caso do Brasil, a possibilidade de utilização de instrumentos como ameaças militares e sanções econômicas é extremamente limitada, seja pelas fragilidades intrínsecas do país nesses aspectos, seja pelo fato de, até por essas mesmas fragilidades, o país ser extremamente cauteloso quanto às possibilidades de aplicação de sanções e ações unilaterais no âmbito internacional.

Isso significa que medidas normalmente utilizadas para se mensurar o poder de um Estado, como o tamanho do seu território, a sua população, a dimensão da economia, a renda *per capita* e os gastos militares não se traduzem automaticamente em melhor capacidade de executar decisões e alcançar resultados no plano internacional. Aspectos contextuais, estratégias de negociação e capacidade de mobilização de recursos têm papel relevante na explicação dos resultados. Isso significa, por sua vez, que há situações em que alguns Estados podem ter influência internacional muito acima do seu poder econômico ou militar.

Foi nesse contexto que o professor Joseph Nye, da Universidade de Harvard, formulou três noções para captar como Estados buscam exercer influência no âmbito internacional. O *hard power* seria a utilização do poder militar e de ameaças, equivalente às capacidades mais tradicionais que apontamos acima. O *soft power* seria o exercício da influência mediante aspectos culturais, ideológicos e formas de convencimento baseadas na negociação e na persuasão. O *smart power*, concepção mais recente, seria a conciliação de aspectos do *hard* e do *soft power* em situações específicas, sinalizando as limitações das estratégias puras dessas duas modalidades.

No caso deste capítulo, o governo do Paraguai definiu como seu objetivo de política externa contestar a delimitação do território com o Brasil tendo como um dos seus objetivos extrair concessões na área energética. Analisando friamente o contexto, sua posição era frágil. Havia grande acervo documental indicando que o país aceitara, depois de derrotado na Guerra da Tríplice Aliança, uma linha de fronteira que não lhe dava direitos sobre a área de Sete Quedas. Adicionalmente, o país era extremamente vulnerável do ponto de vista econômico e militar diante do Brasil.

A habilidade diplomática paraguaia viabilizou a vitória do país na questão. Seu *soft power* decorreu da forma convincente que projetou sua posição no âmbito internacional. Como consideramos no capítulo "Níveis de análise e o papel psicológico", no trecho sobre *role theory*, os países assumem papéis específicos no cenário internacional. No caso, aproveitando o centenário do início da Guerra da Tríplice Aliança, o governo paraguaio apresentou-se como um país que foi, no século XIX, injustamente arrasado por vizinhos e apresentava a posição brasileira no caso de Sete Quedas como uma repetição dessa ação. A narrativa da justiça de um Davi lutando contra um Golias sensibilizou atores externos, elevando a legitimidade do seu pleito.

Outro elemento relevante foi a utilização de mecanismos de sinalização de alianças. Autoridades paraguaias, sabendo que o governo brasileiro temia que o governo argentino fizesse um arco de alianças no Cone Sul, fizeram aproximações calculadas com Buenos Aires para sinalizar para Brasília a necessidade de concessões. Por fim, habilmente exploraram as divisões do governo brasileiro.

Novas dimensões

O Centro de Lançamento de Alcântara, no Maranhão, foi criado em 1983. Ele se inseriu no programa de fortalecimento da tecnologia brasileira e estava intimamente vinculado à aliança estratégica que se formava com a República Popular da China. Na década de 1990, diante de uma crise orçamentária, buscou-se criar um programa bilateral com o governo americano que viabilizasse o desenvolvimento colaborativo de tecnologia e fortalecesse a base por intermédio de lançamentos de foguetes com fins comerciais.

O pacto entre o Brasil e os Estados Unidos para a utilização da base foi submetido pelo Executivo ao Parlamento em abril de 2001. Um dos pontos controversos era um acordo de salvaguarda tecnológica, que limitava a pessoas designadas pelo governo americano o acesso a determinadas áreas do complexo. Muitos críticos apontaram que a parceria era uma submissão aos Estados Unidos. Em maio de 2003, o governo brasileiro decidiu retirar o acordo do Congresso por considerar que feria a soberania nacional. Diante dessa situação, optou-se por criar uma parceria com a Ucrânia, sinalizando uma aliança de poderes emergentes na corrida espacial. Ela perdurou de 2003 a 2015, sendo posteriormente encerrada para reiniciar a parceria com o governo americano.

Esse caso demonstra o papel de vários atores e dimensões na definição da política externa. Os líderes políticos precisam construir apoio doméstico para suas agendas e ponderar os impactos das suas escolhas em termos de consequências políticas e eleitorais, questões que se adicionam a outras de caráter internacional. Na maior parte das vezes, eles precisam lidar com uma multiplicidade de vozes dissonantes no Legislativo, nas classes econômicas, em governos subnacionais, na mídia e em outros segmentos da sociedade. Ou seja, a política doméstica influencia significativamente a forma pela qual os líderes respondem a questões internacionais.

Como apresentamos no capítulo "O que é política externa?", a APE tende a enfatizar a importância dos atores e das dinâmicas domésticas para o entendimento do comportamento internacional do Estado. Neste capítulo, examinaremos várias facetas da questão, estudando o impacto de variáveis como regime político e o papel de unidades federativas, do Parlamento, do Judiciário, da imprensa, da opinião pública e de atores sociais.

REGIME POLÍTICO

Na questão de Alcântara, percebe-se que a eleição de um governo democrático, em 1989, a mudança da coalizão no poder, em 2003, e o *impeachment* da presidente Dilma Rousseff, em 2016, ocasionaram transformações significativas no modo como o tema foi tratado pelo governo brasileiro. No primeiro período, iniciou-se maior controle civil da área aeroespacial e estabeleceu-se como objetivo estratégico o uso comercial da base de lançamentos. No segundo, com a passagem da liderança política da coalizão chefiada pelo Partido da Social Democracia Brasileira (PSDB) para aquela em torno do Partido dos

Trabalhadores (PT), o governo brasileiro decidiu interromper a tramitação do acordo bilateral com o governo americano no Congresso, iniciando uma parceria com a Ucrânia, que durou de 2003 a 2015. Já a cassação do mandato da presidente Rousseff ensejou nova mudança, agora na direção de reativar um acordo com o governo americano para o uso das instalações. Teriam as mudanças de regime e de governo ocasionado ajustes da política externa brasileira?

A literatura de APE desde seu nascimento busca responder a esse tipo de pergunta. Não há dúvida de que o regime político impacta a política externa, na medida em que organiza a interação de atores, delimita competências, atribui o poder de decisão a determinados órgãos, lida com pressões do sistema internacional, orienta os canais de ação que atores interessados utilizarão e influencia a forma como os compromissos internacionais serão ratificados pelos Estados.

Nas últimas quatro décadas, o estudo do tema tem usado grandes bases de dados e metodologias quantitativas. Há uma série de argumentos gerados nessa tradição. Antes, acreditava-se que as lideranças de países autoritários tinham grande latitude na política externa, algo hoje bem mais matizado, com a identificação de casos em que a cúpula política de países autoritários sofre limitações semelhantes às existentes em países democráticos – uma das razões seria a cautela em Estados em que líderes anteriores sofreram com exílio, prisão ou execução após saírem do poder.

O segundo argumento importante, apresentado por Bruce Bueno de Mesquita, é que Estados autoritários tendem a ter uma coalizão que se mantém no poder por intermédio de recompensas materiais aos seus apoiadores. Isso permitiria às lideranças tomarem decisões mais arriscadas, sobrevivendo aos erros que geralmente levam à queda do poder de governantes em regimes democráticos.

O terceiro é a tese de que há grande diversidade nas características de países autoritários. Isso é particularmente visível no tema da propensão desses países em celebrarem acordos internacionais e para iniciarem guerras. As variações autoritárias mais tradicionais teriam grande habilidade em celebrar acordos com parceiros internacionais, por terem poucos constrangimentos domésticos na ratificação de acordos externos. Há, no entanto, casos em que facções operam de forma a restringir o leque de acordos a serem aprovados, da mesma forma que democracias consolidadas. Em termos de conflitos, regimes autoritários liderados por partidos tendem a iniciar menos conflitos armados do que aqueles liderados por um autocrata.

Há, também, hipóteses específicas sobre como países autoritários podem ser mais belicosos. Uma tese interessante é que muitos líderes personalistas que ascendem ao poder após processos revolucionários tendem a fortalecer o controle do Estado sobre a economia e a serem mais agressivos, levando suas ações revisionistas para além das fronteiras. Outro foco de estudos são os governos militares. As forças armadas são caracterizadas por grande desenvoltura no uso da força, mas a literatura ainda é inconclusiva se essa característica é uma causa robusta de conflitos internacionais.

Países autoritários teriam a capacidade de difundir as características de seus regimes para terceiros? Estudos empíricos têm demonstrado dificuldade em encontrar evidência. Indica-se que os líderes desses países preferem, no fundo, a realização de objetivos estratégicos, não se importando muito com o regime de seus interlocutores. Haveria, no máximo, em hipóteses específicas, a tentativa de evitar a democratização de aliados – a atuação da Rússia, da China e da Arábia Saudita tem servido de estudo de caso nesse tópico.

Parte significativa das discussões sobre o impacto de regimes políticos na política externa e nas relações internacionais refere-se à teoria da paz democrática. Ela tem várias definições, geralmente indicando que democracias têm políticas externas mais pacíficas, com alguns adotando essa proposição de forma mais geral e outros afirmando que democracias não entram em guerra contra outras democracias.

Há um entendimento de que a ampliação de uma comunidade de Estados democráticos deveria ser um objetivo normativo a ser perseguido como forma de diminuir a probabilidade de guerras. Essa discussão remete às formulações do filósofo Immanuel Kant enfatizando a natureza pacífica das repúblicas democráticas. Nesses regimes, líderes teriam maior dificuldade para vencer a oposição dos atores domésticos a guerras, naturalmente avessos a conflitos em razão de custos materiais e humanos. Além disso, regimes democráticos, por apresentarem regras transparentes e previsíveis, teriam maiores vantagens para atração de investimentos internacionais e maior propensão à liberalização econômica e à adesão a regimes internacionais – algo que poderia igualmente afetar a probabilidade de travarem conflitos internacionais.

Deve-se levar em conta que parte da literatura aponta que, a despeito de guerrearem menos entre si, democracias não são necessariamente mais pacíficas, engajando-se menos em conflitos. Há pesquisas indicando que o processo de democratização tampouco leva automaticamente a uma redução da propensão ao conflito. Transições incompletas para a democracia podem ser capturadas por líderes nacionalistas e populistas que levam seus países a conflitos internacionais.

Assim como no caso dos regimes autoritários, a teoria da paz democrática depende fundamentalmente do que consideramos uma democracia. Nas últimas três décadas, pesquisadores desenvolveram sofisticadas tipologias agregando características específicas, como o nível de ativismo do Legislativo, a natureza e amplitude das coalizões governamentais, a tendência ideológica do sistema e o sistema de governo (presidencial ou parlamentar). O avanço dos estudos nesse tema tem estimulado analistas a estudar se uma relação mais cooperativa e pacífica entre países democráticos resultaria do regime político *per se* ou se decorreria de outras variáveis, como intercâmbio comercial, existência de armas nucleares, parcerias estratégicas, instituições domésticas ou trajetórias comuns. Ou seja, a teoria da paz democrática ainda se entrelaça com outras questões relacionando regime político doméstico à política externa, como características dos conflitos em que estão inseridos (se as guerras seriam mais curtas) e se países democráticos cooperam mais entre si.

E como se dá a discussão sobre o impacto da mudança de regime e de tipo de governo na política externa brasileira? Cientistas políticos e internacionalistas têm dado pouca atenção a esse tema, tratado predominantemente até o momento por historiadores, em trabalhos sobre casos específicos. A ruptura do regime monárquico para o republicanismo inicialmente trouxe a interpretação de que isso levou a uma reorientação do país em direção às Américas – sendo a vida e a obra intelectual de Joaquim Nabuco, o primeiro embaixador brasileiro em Washington, um exemplo nesse sentido. Uma análise mais detida por parte da comunidade acadêmica, contudo, aponta a origem dessa transição no final do período imperial, com a visita de Dom Pedro II aos Estados Unidos e a atuação de Salvador de Mendonça, um republicano histórico, no consulado brasileiro em Nova York.

A instalação do Estado Novo, em novembro de 1937, e a democratização do país, em 1945-46, são outros momentos que despertam mais interesse entre historiadores e economistas do que entre cientistas políticos e internacionalistas. A questão de alianças é novamente estudada, com vários autores questionando se a ruptura do regime não levou a uma aproximação junto à Alemanha (nazista) e à Itália (fascista), especialmente do ponto de vista comercial. Já a democratização é observada de uma outra forma, com o questionamento sobre se a articulação de uma aliança com o governo americano e a atuação do Brasil na guerra contra as potências do Eixo não teria efeito sobre coalizões políticas domésticas que derrubaram o governo Getúlio Vargas.

O golpe de 1964 e a redemocratização de 1985 são dois eventos muito estudados por cientistas políticos e internacionalistas interessados na análise da política externa brasileira. Nos dois casos, há identificação de ajustes na política externa em vários tópicos, do relacionamento com Cuba a temas de segurança, ainda que, em alguns casos, como na questão nuclear, as mudanças mais sensíveis tenham ocorrido na década de 1990.

FEDERALISMO

O município de Alcântara, na região metropolitana de São Luís, tem pouco mais de 22 mil habitantes e é um dos mais pobres e atrasados no país. Não há nenhum centro tecnológico próximo ao local e nada que indique a disponibilidade de recursos humanos e materiais para viabilizar parcerias estratégicas internacionais e a comercialização de serviços espaciais. A despeito de estar perto da Linha do Equador, região onde o lançamento de foguetes é mais eficiente, muitos questionam a razão de a área ter sido escolhida pelo governo brasileiro. A resposta a essa pergunta está em uma casa, na praia do Calhau, de onde se pode acompanhar o lançamento de foguetes da varanda: a residência do ex-presidente José Sarney.

Sarney governou o Maranhão de 1966 a 1970 e depois teve longeva carreira política no âmbito federal. Em 1985, assumiu a Presidência da República. Habilidoso político de bastidores, seus sucessos eleitorais no estado decorreram, em parte, do atendimento de demandas locais. Talvez a de maior repercussão para a política externa tenha sido a construção da base de Alcântara. O projeto estava estreitamente vinculado ao acordo de cooperação com a China para o lançamento de satélites.

O caso apresenta, portanto, como questões aparentemente locais, de nível municipal e estadual, exercem grandes impactos na agenda governamental de política externa. A APE tem interesse particular por um domínio específico desse tópico: a atuação internacional de municípios e estados. Esse fenômeno não é propriamente novo no Brasil. Pesquisa recente de Daniel Coronato demonstrou, por exemplo, a ação externa independente de forças econômicas e políticas vinculadas ao Rio Grande do Sul no Império. Elas teriam moldado significativamente a política externa brasileira com relação ao Prata.

Na Primeira República, com a instalação do federalismo republicano, os estados ganharam grande autonomia formal, inclusive para ações no exterior. Podemos destacar três dimensões importantes de atuação. A primeira é a financeira, com a regulação do imposto de exportação, a emissão de dívida e a busca de investimento externo em infraestrutura. Nos textos de História Econômica do período, é particularmente relevante a ação dos estados na valorização do café e suas repercussões interfederativas. A segunda área que ganhou destaque na literatura é a de segurança. Os estados tinham relativa independência na conformação de seus esquemas locais de repressão e São Paulo chegou até a contratar uma missão francesa para treinar sua força policial. Além disso, os vários conflitos e revoltas no período, seus impactos nas estruturas de poder locais e as respectivas repercussões internacionais também interessaram vários pesquisadores. A terceira dimensão é a questão da imigração. Governos locais, por exemplo, chegaram até a nomear representantes no exterior para ajudar no processo de recrutamento de mão de obra.

Esses aspectos pontuais, contudo, são objeto de atenção de outras comunidades de pesquisadores (sobretudo historiadores). A área de APE no Brasil ainda carece de esforço analítico para examinar o período anterior à década de 1990, talvez por acreditar que o federalismo é recente, resultando da arquitetura institucional da Constituição de 1988 e do último ciclo de integração econômica.

Outro fator que talvez explique o interesse recente é o conjunto das possibilidades de atuação profissional no tema. Embora não haja levantamentos específicos, sabemos que há muitos internacionalistas trabalhando com temas relacionados à cooperação internacional em prefeituras e governos estaduais. Nessa temática, há também inúmeras possibilidades de projetos de extensão universitária para estimular e apoiar governos subnacionais em seus esforços de formulação de políticas públicas de internacionalização, de captação de recursos e de cooperação técnica por meio de projetos internacionais.

Um marco na discussão da influência de entidades subnacionais na política externa foram os *The federalist papers*, um conjunto de artigos redigidos no final do século XVIII no contexto da Revolução Americana. Neles, discutiu-se, entre outros assuntos, qual deveria ser o poder da União com relação às unidades federativas (estados), havendo certo consenso de que estes não teriam competência na área externa. A despeito de a discussão jurídica ter sido consolidada nesse sentido, isso não impediu, como no Brasil, que estados e condados americanos tivessem impacto na política externa americana – como nos vários conflitos com o México, por exemplo.

Na década de 1980, inspirados pela integração regional europeia e pelo arrefecimento da Guerra Fria, estudiosos do federalismo (e não os acadêmicos da APE) começaram a criar um campo específico sobre como entidades subnacionais estavam engajadas na arena internacional, desafiando o próprio conceito de soberania. Utilizou-se o termo *neoconfederação* para descrever essa situação, que seria intermediária entre sistemas federativos e confederativos de organização política; outros preferiam o termo *política externa federativa*. Em ambos os casos, exploravam-se somente países desenvolvidos, como Áustria, Suíça e Estados Unidos.

Estudos apontam que a dinâmica federativa das relações internacionais se acelerou a partir dos anos 1990 em função da ampliação das chamadas "questões intermésticas", ou seja, das temáticas com interface concomitantemente doméstica e internacional. Os compromissos internacionais dos Estados nacionais passaram, cada vez mais, a conectar-se com políticas públicas e a gerar resultados ou ações a serem consideradas por governos estaduais e locais.

O papel das cidades na política internacional também ganhou atenção dos pesquisadores. A primeira agenda de pesquisa dedicou-se a examinar como cidades, em contextos históricos específicos, ganharam certa autonomia na definição da agenda da política externa dos Estados – como Berlim durante a Guerra Fria. Essa visão, contudo, ainda era permeada pela centralidade do Estado nacional sobre a condução da política externa dos Estados. Seria só na década de 1990 que iniciaria uma agenda focada na atividade independente das cidades. O ponto de partida foi o tema das "cidades irmãs" (ao final da década de 1980, havia relações diretas em 1.270 cidades de 90 países). Um segundo aspecto que gerou a curiosidade foi o fato de 23 estados, 14 condados e 80 cidades boicotando atividades econômicas relacionadas à África do Sul, que, sob o regime do Apartheid, promovia aberta discriminação racial entre sua população. Tal movimento indicava a existência de elevada repercussão e poder de ação local nas relações internacionais.

Na medida em que se ampliam as interconexões entre os temas de política doméstica e de relações internacionais, os governos subnacionais buscam a concretização de seus interesses e projetos pela cooperação internacional. No Brasil, muitas cidades e estados ampliaram a sua estrutura institucional para lidar com assuntos internacionais por meio de assessorias, secretarias ou coordenadorias dedicadas exclusivamente a buscar, no âmbito internacional, financiamento para projetos, espaços para trocas de experiências e compartilhamento de práticas, entre outros objetivos.

Muito desse ativismo decorre de estímulo externo, como as ações do Banco Mundial, com fomento direto aos estados subnacionais, ou as da União Europeia, por meio de oportunidades decorrentes da criação do Programa URB-AL, que promove o intercâmbio de experiências e a associação entre cidades e autarquias locais da União Europeia e da América Latina a partir da difusão, aquisição e aplicação de boas práticas em políticas urbanas. As oportunidades dos acordos URB-AL, lançados em 1995, contribuíram para despertar interesse dos governos municipais brasileiros na cooperação internacional, pelo fato de a Comissão Europeia destinar recursos financeiros para fomentar essa cooperação.

Outro aspecto relevante foi o crescimento de associações internacionais de governos locais, aprofundado pela formação, em 2004, da organização Cidades e Governos Locais Unidos (CGLU), com sede em Barcelona. No âmbito regional, o Mercosul foi uma instância para a aglutinação e o fomento à cooperação entre governos subnacionais dos países-membros. A criação da Rede Mercocidades (Rede de Cidades do Mercosul), em 1995, a formação da Reunião Especializada de Municípios e Intendências (REMI), em 2000, e do Fórum Consultivo de Municípios, Estados Federados, Províncias e Departamentos do Mercosul (FCCR), em 2004, são desdobramentos institucionais que indicam a relevância do tema. Na esfera federal, a estruturação da Assessoria de Relações Federativas do Itamaraty, em junho de 1997, para contribuir com governos municipais e estaduais nas suas iniciativas internacionais foi um desenvolvimento relevante, estimulando também debates sobre questões jurídicas, já que a Constituição de 1988 estabelece que cabe ao chefe do poder Executivo Federal conduzir as relações internacionais do Brasil.

Na bibliografia sobre o tema, os estudos evoluíram de uma fase inicial de identificação do fenômeno para examinar quais variáveis influenciam a ação internacional dos governos subnacionais. Os pesquisadores Leonardo Mercher e Alexsandro Pereira, por exemplo, elaboraram um modelo analítico contemplando cinco dimensões orientadoras do fenômeno: 1) Gestão política: que se refere à atuação de prefeitos, secretários e partidos políticos em temáticas internacionais; 2) Mercado: que se estrutura em torno dos interesses comerciais, dos fluxos financeiros, dos intercâmbios comerciais e das bases econômicas da cidade; 3) Institucional: existência de corpo técnico, autonomia institucional, especialização; 4) Internacional: papel de organizações internacionais e governos nacionais estrangeiros; e 5) Epistêmica: composta de redes de pesquisadores, universidades e *think tanks* que tenham relações diretas com as cidades. Estudando a atuação internacional da cidade do Rio de Janeiro no período de 1993 a 2016 a partir dessas cinco variáveis, os autores identificaram que as mais relevantes foram as de política e de mercado.

Outra modalidade de ação envolve a maneira como metas e objetivos globais são traduzidos em políticas públicas locais. Nesses casos, a ação parte do âmbito global, mas necessita de medidas no âmbito dos governos subnacionais. Talvez as mais importantes sejam as dos Objetivos de Desenvolvimento Sustentável (ODS), aprovados na 70ª Assembleia Geral da Organização das Nações Unidas (ONU), em setembro de 2015, com ativa participação do Brasil. Trata-se da maior iniciativa global para a melhoria das condições econômicas e sociais das populações de modo integrado à promoção dos direitos humanos e à proteção do meio ambiente. O 11º objetivo especificamente foca em "tornar as cidades e os assentamentos humanos inclusivos, seguros, resilientes e sustentáveis". É um reconhecimento relevante sobre o papel dos governos locais na promoção do desenvolvimento sustentável, algo que, no caso brasileiro, tem papel relevante nas políticas de educação básica, saneamento, planejamento urbano, saúde e meio ambiente.

Na medida em que se intensifica a atuação internacional dos governos subnacionais, estabelecem-se novas conexões entre a dimensão federativa do Estado brasileiro e os acordos internacionais. Alguns, como o estado de São Paulo, criaram escritórios internacionais em outros países, onde buscam relações diretas com investidores, atores sociais e políticos. Outro aspecto ainda pouco estudado nessa dimensão é como cidades e estados fazem parcerias para a realização de grandes eventos em seus espaços. Talvez o caso mais saliente das últimas décadas seja o Rio de Janeiro e as Olimpíadas de 2016, mas há outros nichos, como a colaboração da prefeitura de Curitiba para receber a primeira reunião preparatória para o encontro de chefes de Estado dos Brics na Presidência do Brasil em 2019 – algo utilizado na propaganda de reeleição do prefeito no ano seguinte. Porto Alegre, por sua vez, foi bem-sucedida em usar as relações internacionais para promover uma imagem cosmopolita do município por intermédio do Fórum Social Mundial, realizado na cidade várias vezes. O evento ofereceu oportunidade para autoridades locais realizarem contatos e construírem redes de relacionamento transnacionais.

Em geral, o que se observa no Brasil é que o governo central não estabelece obstáculos à ação internacional de cidades e estados, desde que não seja contrária às estratégias de política externa do governo federal, não envolvam responsabilidades financeiras ou tratem de questões sensíveis à segurança e à defesa do Estado. Nos casos em que essas situações se colocam, o governo federal tende a explicitar sua competência exclusiva quanto à política externa do país, mas isso não impede a existência de conflitos.

Exatamente por essa razão, países estrangeiros potencialmente utilizam a dicotomia de interesses entre governo federal e demais entes da União. O caso mais grave desse tipo de ação ocorreu na primeira metade da década de 1960, quando o governo americano estava em choque com a administração do presidente João Goulart e promoveu uma sofisticada teia de programas de empréstimo e cooperação diretamente com os governadores oposicionistas ao presidente. Essa ação ajudou a desestabilizar o governo, criando o ambiente que viabilizou a ruptura institucional de 1964.

O JUDICIÁRIO

Em 2008, o Incra transformou quase 90% da área da base de Alcântara em território quilombola – situação que, segundo as autoridades aeroespaciais, inviabilizaria o funcionamento do centro de lançamento e a cooperação internacional do Brasil para uso das instalações. A decisão foi revogada pela Advocacia Geral da União em 2009 e, no ano seguinte, foi parar na Câmara de Conciliação e Arbitragem, iniciando um grande imbróglio judicial.

Esse desdobramento indica como as instâncias jurídicas do aparelho estatal podem influenciar a política externa. Esse tema até recentemente, no entanto, foi pouco considerado nos estudos de APE, particularmente no Brasil. É cada vez mais utilizada a noção de "judicialização da política" para se referir ao engajamento de tribunais em domínios até então considerados exclusivos do Legislativo ou Executivo. A política externa não é alheia a essa realidade; os tribunais, a seu modo, passam a oferecer respostas à forma como o país deve se posicionar em relação ao mundo.

O primeiro aspecto a ser examinado é que o poder Judiciário pode desempenhar papel relevante para a implementação, no âmbito doméstico, de compromissos internacionais ratificados pelos Estados. Nesse sentido, indiretamente, contribui para a cooperação internacional. Por outro lado, utilizando os mesmos instrumentos, pode privilegiar linhas de interpretação jurídica que coloquem em descompasso decisões domésticas e acordos externos assumidos pelo país. O STF, instância máxima do poder Judiciário no Brasil, pelo artigo 102 da Constituição de 1988, tem a competência de processar e julgar originariamente litígio entre Estado estrangeiro ou organismo internacional e a União, pedidos de extradição e declarar a eventual inconstitucionalidade de tratados internacionais. As ações do poder Executivo no âmbito internacional, dessa maneira, não são imunes ao controle jurisdicional.

Na esfera internacional, é possível identificar distintas dimensões de judicialização das relações internacionais, presente em órgãos como o Tribunal de Justiça da União Europeia, a Corte Internacional de Justiça e o Órgão de Solução de Controvérsias da Organização Mundial do Comércio. Algumas instâncias, como a Comissão Interamericana de Direitos Humanos, contam com mecanismos inovadores, como o de petição individual. Nesse sistema, qualquer pessoa, grupo de pessoas ou entidade não governamental legalmente reconhecida em um ou mais Estados-membros da Organização dos Estados Americanos pode apresentar à Comissão denúncias ou queixas de violações de direitos humanos cometidas por um Estado parte. A Lei Maria da Penha (nº 11.340, de 7 de agosto de 2006) tem como uma de suas origens uma recomendação da Comissão Interamericana de Direitos Humanos, no sentido de o Brasil tomar medidas para coibir a violência doméstica contra mulheres.

O caso sobre importação de pneus usados foi um marco. Ele envolveu diferentes instâncias do poder Judiciário no Brasil, além de compromissos assumidos no âmbito do Mercosul e da Organização Mundial do Comércio (OMC). Pneus usados são notoriamente poluidores, causando grande degradação ambiental pelo seu aterramento e uso em cimenteiras; no Brasil, deve-se adicionar o agravante de ser foco de transmissão de doenças. Em decorrência desses riscos, o governo brasileiro proibiu a sua importação sob a justificativa de proteger o meio ambiente e a saúde pública – exceção contemplada nos compromissos consolidados pelo país na OMC.

A interferência judicial abalou essa situação. Primeiro, o Tribunal Arbitral *ad hoc* do Mercosul abriu uma exceção para pneus remoldados originários do bloco comercial, o que levou a uma mudança da política comercial brasileira. Na sequência dessa decisão, importadores de todo o Brasil conseguiram mais de 20 liminares na justiça do país, importando dezenas de milhares de pneus usados do Mercosul.

A participação do Brasil na OMC, contudo, tem como pedra angular os princípios da não discriminação e do tratamento da nação mais favorecida, que, desconsiderando algumas exceções, indica que o país não pode beneficiar um país em detrimento de terceiros. Isso parecia ser exatamente o caso, pois ao mesmo tempo que o país usava a justificativa de defesa do meio ambiente na proibição de importação de pneus, esta não valia para os países do Mercosul, o que naturalmente gerava discriminação contrária a interesses de outros exportadores.

O bloco da União Europeia foi um dos que se sentiram lesados. Em 2003, apresentou queixas na OMC, questão que tramitou em um painel e no Órgão de Apelação da instituição, chegando à conclusão em 2007. Confirmou-se a posição brasileira quanto às consequências negativas para o meio ambiente e para a saúde pública da importação de pneus usados, mas se indicou que a proibição da importação deveria ser estendida em definitivo a todos os países. Mais precisamente, determinou que o país poderia manter restrições à importação de pneus reformados, mas deveria proibir a entrada desses pneus por meio de liminares judiciais favoráveis ao Mercosul.

Houve, portanto, interferência judicial em três níveis distintos no caso: um órgão do Mercosul, tribunais inferiores domésticos e o Órgão de Apelação da OMC. A determinação deste de que o governo brasileiro deveria reverter essa ação gerou mais um problema, pois o Executivo não tem competência para cassar liminares concedidas pelo Judiciário. Em decorrência dessa situação, a questão foi remetida ao Supremo Tribunal Federal, por meio de Arguição de Descumprimento de Preceito Fundamental (ADPF). Em 2009, após análise da matéria, o STF decidiu pela constitucionalidade da legislação brasileira que proíbe a importação de pneus usados.

O LEGISLATIVO

Em um estudo clássico de 1935, o pesquisador E. Schattschneider demonstrou como a atuação do Legislativo americano moldou a tarifa

Smoot-Hawley de 1930, um instrumento que aprofundou a guerra comercial e a rivalidade interestatal do entreguerras. Desde então, a influência dos Legislativos na política externa tem sido tema relevante na APE. O foco da literatura é sobretudo o caso americano e, considerando a diversidade dos sistemas de governo no mundo, deve-se ter cautela no uso de teorias, em especial quando se busca aplicá-las no Brasil.

No país, o Congresso Nacional e as dinâmicas internas ao Legislativo também não podem ser desconsiderados. Esse, aliás, não é um fenômeno exclusivo do período recente, posterior à Constituição de 1988. Um estudo pioneiro no tema foi o trabalho do historiador Amado Cervo sobre a atuação do Parlamento durante o Império (1822-1889). Ele demonstrou que a instituição teve grande poder no constrangimento da autonomia do Executivo, notadamente em negociar tratados comerciais. Nos últimos 20 anos, as negociações da Área de Livre-Comércio das Américas (Alca), o debate sobre o ingresso da Venezuela no Mercosul, a participação do Brasil em operações de paz das Nações Unidas são exemplos de questões que receberam significativa atenção por parte dos parlamentares – e dos pesquisadores.

Do ponto de vista formal, no Brasil, a ação dos parlamentares em questões de política externa é *ex post facto*, ou seja, posterior ao desenrolar do tema no plano internacional. A Constituição de 1988 estabelece que compete privativamente ao presidente da República manter relações com Estados estrangeiros e reconhecer seus representantes diplomáticos, bem como celebrar tratados, convenções e atos internacionais, sujeitos à aprovação do Congresso Nacional. Ou seja, os parlamentares brasileiros formalmente não têm competência legal prévia para influenciar a negociação entre o poder Executivo e os atores externos, a não ser em questões como declaração de guerra e o envio de tropas para participar em missões no exterior, como no caso das Missões de Paz das Nações Unidas, que necessitam de aprovação do Legislativo. Cabe também ao Parlamento aprovar iniciativas do poder Executivo relacionadas a atividades nucleares, tema relevante em termos de tecnologia e de defesa nacional. No caso do Senado Federal, há atribuições especificas, como aprovar nomeações diplomáticas do presidente para postos de chefia de missão diplomática no exterior e empréstimos junto a organismos internacionais acordados por governos subnacionais.

A Constituição atualmente em vigor, ao contrário das anteriores, introduziu dispositivos específicos em matéria de política externa e relações internacionais, como a independência nacional, a prevalência dos direitos humanos, a autodeterminação dos povos, a não intervenção, entre outros. Ela dispõe que o Brasil buscará a integração econômica, política, social e cultural dos povos da América Latina, visando à formação de uma comunidade latino-americana de nações. Trata-se de um princípio que deve orientar a política externa e que coloca a região como eixo central da inserção internacional do país. Por sua vez, o dispositivo de prevalência dos direitos humanos fundamentou a adesão do Brasil a uma série de convenções multilaterais a partir dos anos 1990, ao mesmo tempo que muitas vezes é citado por atores sociais e ativistas para contestar posições do país em votações em órgãos como Conselho de Direitos Humanos da ONU ou na relação bilateral com países específicos.

Usando essas atribuições, o Legislativo pode atuar como ponto de veto na política externa brasileira, pois pode inviabilizar a ratificação de acordos assinados pelo Executivo. Contudo, desde 1988, essa situação é praticamente inexistente. O fato de o presidente da República ter mecanismos institucionais para construir uma coalizão de apoio no Legislativo faz com que a maioria das matérias do seu interesse sejam aprovadas, inclusive no campo da política externa. Quanto à atribuição do Legislativo em relação à ratificação de acordos internacionais, há controvérsia jurídica em relação ao outro lado dessa moeda. Se o poder Executivo precisa do aval do Legislativo para o ingresso em uma organização internacional ou a ratificação de um acordo, ele precisaria desse mesmo aval para sair dessa organização ou fazer a denúncia desse acordo?

Essa questão está em análise no STF, por meio da Ação Direta de Inconstitucionalidade 162, tendo como requerente a Confederação Nacional dos Trabalhadores na Agricultura (Contag), que questiona a constitucionalidade do Decreto Federal n. 2.100, de 1996, por meio do qual tornou pública a denúncia (termo técnico que significa a saída do país de um instrumento jurídico internacional), pelo Brasil, da Convenção da OIT n. 158, relativa ao término da relação de trabalho por iniciativa do empregador – algo com profundas consequências para o regime de trabalho assalariado no Brasil. Tal decreto não foi precedido da anuência do poder Legislativo. O mérito principal do caso é se a interpretação do mandamento constitucional de que cabe ao Congresso Nacional resolver definitivamente sobre os tratados se aplicaria também nas situações de sua denúncia. É pertinente observarmos que esse seria um resultado que pela via judicial resultaria em ampliação da margem de ação do Legislativo na política externa. Até o momento, há maior número de votos para a tese de que a denúncia de tratados internacionais pelo presidente da República depende de autorização do Congresso Nacional, mas ainda não há resultado definitivo.

O fato de o Parlamento só ter poder formal de veto no momento posterior não significa irrelevância no processo de negociação – formalmente sob responsabilidade do Executivo. Muitas vezes, há ativo esforço desse poder para antecipar os interesses do Legislativo de forma a aumentar as possibilidades de aprovação. Isso indica que, embora em termos de competência formal não haja participação *ex ante* na formulação de posições externas, na prática, o Executivo não é alheio às preferências do Parlamento em matérias de política externa.

Quando examinamos a atuação do Legislativo em determinado tema ou agenda na política externa, não podemos esquecer que, em regimes democráticos, o Parlamento é composto de políticos eleitos. Se levarmos em conta o pressuposto conhecido da ciência política de que os políticos avaliam os temas nos quais se engajarão pensando em retornos eleitorais, somos levados a pensar que se interessarão pela política externa na medida em que tenham expectativas junto aos eleitores. Isso naturalmente enseja outra questão: a política externa tem consequências eleitorais no Brasil?

Inicialmente, houve entendimento de parte da comunidade acadêmica de que havia certo desinteresse do Legislativo em temas de política externa em razão de um considerado baixo retorno eleitoral, da existência de uma burocracia especializada que atua na área e do custo de entrada para acompanhamento dos temas. A despeito dessa impressão, número crescente de estudos empíricos tem contrariado a tese.

Sobre a questão do retorno eleitoral, a política externa tende a afetar a escolha dos eleitores, sobretudo quando os principais candidatos apresentam plataformas distintas ou nas situações em que as oposições conseguem explorar eleitoralmente as escolhas dos governos. Com a crescente interseção de ligações entre as políticas públicas domésticas, as relações internacionais e o cotidiano dos cidadãos, essa situação tende a se aprofundar – de vacinas para epidemias ao engajamento com parceiros comerciais específicos. Isso também afetará a importância da burocracia especializada, especialmente o Ministério das Relações Exteriores, cujas ações e competência serão cada vez mais questionadas. Na questão dos custos de entrada, hoje o Parlamento, abrangendo aqui também os gabinetes de partidos, lideranças e de deputados e senadores, conta com servidores altamente capacitados, muitos com formação no exterior e com recursos e contatos independentes para assessoria técnica. Isso, associado ao barateamento dos transportes e das comunicações, facilita cada vez mais o engajamento internacional do Legislativo.

Do ponto de vista empírico, a professora Simone Diniz e o professor Claudio Ribeiro estudaram a atuação dos deputados federais em temas de política externa no período de 1988 a 2006. Eles argumentam que as regras institucionais deixam margem limitada para o controle Legislativo, ou seja, haveria baixa capacidade de os parlamentares apresentar, modificar, protelar e rejeitar projetos de lei ou proposições do Executivo. Isso não significa que o Legislativo abdique de acompanhar ou discutir questões internacionais, mas ele o faria por intermédio de instrumentos específicos, particularmente pela solicitação de informações, por missões parlamentares ao exterior, pelas sabatinas de embaixadores, pela convocação de autoridades e pela atividade de comissões legislativas.

É possível indicar alguma consequência concreta da divergência partidária sobre a política externa? Ainda não há pesquisas sistemáticas sobre o tema no Brasil. O que temos são alguns analistas observando, por exemplo, a relação transnacional de partidos de esquerda na América Latina e, em especial, com Cuba. Nas campanhas eleitorais, há indicativo de que essas alianças são instrumentalizadas por candidatos mais conservadores. Devemos apontar como igualmente relevantes a ideologia e a disciplina partidária, especialmente se o parlamentar integra a coalizão do governo. No caso de Alcântara, essa última dimensão teve grande influência na forma como o tema do uso da base pelo governo americano foi apreciado pelo Parlamento.

Por fim, nas últimas duas décadas, é crescente o uso de blocos de deputados e senadores relacionados com a cooperação interparlamentar, como o Grupo Parlamentar Brasil-Mercosul-Aliança do Pacífico e Grupo Parlamentares como Brasil-Angola, Brasil-Alemanha, Brasil-Equador, entre outros. Alguns, mais informais, como a bancada evangélica e a ruralista, aparentam exercer grande poder no cotidiano governamental, mas ainda carecemos de pesquisas mais substantivas.

Um caso interessante sobre a ação parlamentar foi a negociação da Alca, que esteve na agenda de política externa brasileira de 1994 a 2005. Havia significativas divergências na sociedade e considerável atuação do Legislativo. Isso deu-se por intermédio de vários instrumentos, como manifestações individuais de parlamentares, convocação de audiências públicas com autoridades, proposta de plebiscito, seminários e instituição de comissões de acompanhamento das negociações. O caso impulsionou, na Câmara dos Deputados, a discussão da Proposta de Emenda à Constituição (PEC) n. 345/2001, de autoria do então deputado Aloizio Mercadante (PT). Ela propôs exigir autorização prévia do Legislativo para o Executivo negociar acordos internacionais nas áreas de comércio, investimento e propriedade intelectual. No Senado Federal, houve proposta similar, por meio de duas iniciativas. A PEC n. 52/2001, de autoria do então senador Roberto Requião (PMDB), propôs modificar as competências privativas do Congresso Nacional e da Presidência da República relativas aos acordos, convênios e tratados sobre comércio internacional. Já o Projeto de Lei (PLS) n. 189/2003, de autoria do então senador Eduardo Suplicy (PT), sugeriu definir objetivos, métodos e modalidades da participação parlamentar em negociações comerciais multilaterais, regionais e bilaterais.

Essas iniciativas foram inspiradas pelo estudo do funcionamento do governo americano, no qual o Executivo, desde os anos 1930, solicita uma espécie de autorização do Congresso para negociar tratados externos na área comercial. O Parlamento, por sua vez, se compromete a só aprovar ou rejeitar – não podendo fazer emendas. No Brasil, as iniciativas de criar arcabouço semelhante fracassaram, mas não deixam de indicar um questionamento em relação ao desenho institucional de formulação da política externa, na medida em que passam a demandar mudanças nas atribuições do poder Legislativo no processo decisório, buscando institucionalizar um controle *ex ante* em negociações comerciais.

Aspecto menos presente nos estudos sobre Legislativo e política externa, mas muito relevante, é a possibilidade de o governo assinar um acordo internacional no qual há controvérsias dentro do próprio poder Executivo, mas onde há pressões dos parceiros internacionais. Posteriormente, o Executivo não se movimenta para pautar a apreciação do tema no Legislativo, tampouco os partidos de oposição, ainda que por motivos distintos. Um caso interessante nesse sentido foi o da assinatura do acordo de criação do Banco do Sul pelo presidente Lula da Silva em 2009. Havia, no governo, particularmente no Banco Central e no Ministério da Fazenda, forte oposição à iniciativa. Contudo, do ponto de vista da política regional, havia forte apoio dos presidentes da Argentina e da Venezuela. Nesse contexto, para não os melindrar, o Brasil, por intermédio do poder Executivo, assinou o acordo, mas o governo não buscou aprová-lo no Legislativo.

OPINIÃO PÚBLICA

Em 2003, o acordo de salvaguardas tecnológicas relacionadas à participação dos Estados Unidos da América em lançamentos a partir do

Centro Espacial de Alcântara enfrentou grande resistência no Congresso Nacional. Essa situação refletiu uma clivagem na sociedade com forte carga nacionalista, campanhas na imprensa e atuação de movimentos sociais e grupos técnicos de cientistas. Foi uma clara demonstração do poder da opinião pública na política externa brasileira.

A área de relações internacionais inicialmente negligenciou esse tipo de questão, privilegiando o entendimento teórico de que a política externa era conduzida por uma elite que tratava "racionalmente" assuntos da alta política sem a influência da opinião pública, considerada por muitos como incoerente e volúvel. As primeiras pesquisas empíricas reforçaram essa impressão ao indicar baixo interesse da opinião pública e ausência de uma visão estruturada e coerente sobre temas internacionais.

A crescente insatisfação da opinião pública com a Guerra do Vietnã nos Estados Unidos foi um ponto de mudança dessas premissas. Com base nas contribuições da área da Psicologia, criou-se grande acervo de pesquisa teórica e empírica relacionado a várias perguntas, como: O que é a opinião pública? A opinião pública se interessa pela política externa? Como é formada a percepção e a preferência da opinião pública sobre temas de política externa e como elas impactam a inserção internacional do país? Quais os efeitos de variáveis como atuação profissional, gênero, renda, faixa etária, filiação partidária, local de domicílio e formação acadêmica?

Um argumento que foi se estabelecendo na literatura acadêmica, especialmente na época da Guerra do Vietnã, é o de que o apoio da opinião pública a guerras diminui conforme aumenta o número de soldados nacionais mortos em conflitos – em um influente estudo, afirmou-se inclusive que esse impacto é negativo e em proporção logarítmica. Mais recentemente, o extenso uso de *drones* na condução de conflitos permitiu testar de melhor forma a tese de que mortes em combate afetam a opinião pública.

Alguns estudos usam o termo *"rally around the flag"* para referir-se à situação em que ataques, declarações de guerras e ocorrências dramáticas ampliam a popularidade de líderes, fato que pode estimulá-los a deliberadamente gerar esse tipo de situação – denominada de "guerra diversionista". Nesses casos, líderes que enfrentam dificuldades políticas domésticas como baixa aprovação popular, crise econômica, choques étnicos e problemas de corrupção iniciariam conflitos externos para desviar a atenção da população sobre esses problemas. Alguns casos históricos podem ser apontados, como a guerra iniciada pela Argentina contra o Reino Unido para a retomada das Ilhas Malvinas na década de 1980 – muitos analistas consideram ter sido uma estratégia do regime militar para aumentar a popularidade do governo, algo que funcionou até a derrota no conflito.

Talvez um dos poucos consensos na área de APE seja a cautela em estabelecer um nexo causal entre opinião pública e decisões políticas. A forma como a opinião pública interage com a política externa relaciona-se com outras variáveis contextuais, ou seja, não há uma correspondência automática entre opinião pública e decisões governamentais. Preferências manifestadas pela opinião pública têm maiores chances de serem consideradas se absorvidas por empreendedor político influente ou se convergentes com posições de atores relevantes envolvidos no processo decisório. Nesse tópico, a área que tem mais avançado é a que lida com assuntos econômicos, influenciada pela disciplina de economia. Há muitos modelos que tentam predizer como será o comportamento político utilizando o impacto de interesses materiais concretos nas atitudes dos indivíduos. Pessoas que trabalham em setores produtivos pouco competitivos diante de concorrentes importados, nesse caso, tenderiam a se opor à integração econômica internacional, se comparado com outros setores.

Considerando a proposta deste livro de examinar os desafios da APE no Brasil, cabe perguntar: a opinião pública nacional tem interesse em política externa? Ela é discutida na sociedade? Como a visão do cidadão sobre o tema relaciona-se com suas preferências sobre outros assuntos? A professora Maria Hermínia Tavares de Almeida tem liderado esforços na análise das relações entre opinião pública e política externa no Brasil. Sua pesquisa estuda as percepções e atitudes de formadores de opinião, lideranças e público em geral sobre temas internacionais e sobre a política externa brasileira, assim como os processos por meio dos quais se forma opinião sobre essas questões. A equipe de pesquisadores da qual fez parte realizou um *survey* com centenas de respondentes, dividindo-os em duas categorias, o público interessado e informado sobre assuntos internacionais (PII) e o público desinteressado e desinformado (PDD) e comparou os resultados com levantamento semelhante realizado anos antes. Uma das conclusões relevantes, que contrasta com as premissas de muitos estudos anteriores, é que a população brasileira não é ignorante sobre os problemas internacionais do país e que tem opinião até sobre aspectos julgados técnicos. Como indica a sua conclusão, há de forma geral uma visão otimista com relação ao fenômeno da globalização, aos nossos vizinhos e aos imigrantes. Há, também, aderência ao multilateralismo.

O potencial de colaboração entre internacionalistas, pesquisadores e profissionais de outras áreas, como cientistas políticos, estatísticos, sociólogos no estudo da relação entre opinião pública e política externa no Brasil é enorme. É, ademais, âmbito em que a comunidade de APE pode contribuir de forma relevante para o debate público; afinal, estudar a visão da opinião pública brasileira sobre as relações internacionais e a política externa é algo de interesse para um debate qualificado e informado sobre o papel do Brasil no mundo.

ATORES SOCIAIS

Em setembro de 2014, cerca de 500 quilombolas, de 35 comunidades distintas, ocuparam uma estrada de ferro da empresa Vale no Maranhão e iniciaram uma greve de fome. Uma das exigências era a demarcação do território da comunidade no município de Alcântara, onde se localiza o maior centro espacial brasileiro. A ação tinha ramificações internacionais, pois, segundo o governo, a demarcação impactaria as atividades de lançamento de foguetes e inviabilizaria projetos de cooperação internacional nesse setor.

Essa situação demonstra que a política externa trata de questões relevantes para atores domésticos e cujos resultados não são homogêneos no âmbito interno. Em regimes democráticos ou autoritários, decisores sofrem pressões de grupos de empresários, trabalhadores, organizações não governamentais (ONGs), mídia e comunidades epistêmicas, que buscam influenciar a política externa de acordo com preferências específicas. Esses atores variam quanto à sua dimensão, interesse e modo de operação. O que se observa comumente é um processo de competição, barganha e compromissos entre diferentes atores sociais buscando influenciar a definição da política externa.

É importante ter em mente que, na sociedade, há desigualdade de recursos entre indivíduos e organizações. Isso faz com que os atores sociais tenham capacidades distintas de acompanhar os temas de seu interesse e de eventualmente influenciar os governos. Isso muitas vezes motiva burocracias estatais a criar instâncias consultivas congregando diferentes atores. Esse fenômeno está longe de ser novo, mas tem sido analisado com mais frequência pela academia nas últimas três décadas. Há três elementos importantes dessas pesquisas. O primeiro é que a elevação do engajamento dos atores sociais em reuniões e eventos com autoridades governamentais não necessariamente significa que sejam influentes no processo decisório. Isso decorre do segundo ponto: muitas vezes as autoridades governamentais buscam os atores sociais somente para criar uma dimensão de legitimidade para decisões que já foram tomadas e não para genuinamente escutá-los. Por fim, cabe destacar que a complexidade das arenas decisórias eleva a relevância do papel dos coordenadores engajados em organizar o processo de formulação e execução. Eles, contudo, não são agregadores neutros dos choques de posição dos atores governamentais e sociais.

Os atores sociais impactam a política externa, mas de forma pontual e heterogênea do ponto de vista temático. Apenas recentemente a busca pelo entendimento desse processo passou a ser estudada pelas principais abordagens teóricas. Como vimos no capítulo "O que é política externa?" a formação e o desenvolvimento inicial do campo científico de relações internacionais deram-se a partir de um foco analítico quase que exclusivo no papel dos atores estatais. Nessa chave analítica, os atores sociais não teriam (e não deveriam ter) maior espaço ou influência na política externa, domínio não sujeito às disputas entre atores domésticos.

É apenas no fim dos anos 1980 e no início dos anos 1990, no bojo de um processo que a professora Juliet Kaarbo chamou de "virada para a política doméstica e para o processo decisório", que os atores sociais entram mais diretamente no radar da disciplina. As abordagens liberais de relações internacionais são aquelas em que esse processo foi mais visível. A publicação do livro de Robert Keohane e Joseph Nye, *Power and Interdependence*, na segunda metade dos anos 1970, foi um marco no sentido de ampliar o entendimento dos atores constitutivos da dinâmica política internacional. O volume foi um dos primeiros no campo a reconhecer a influência de atores sociais na política internacional, embora o foco fosse a explicação da transição da política internacional. As características do que os autores chamaram de "interdependência complexa" – múltiplos canais de contato, relações transnacionais e transgovernamentais (não apenas interestatal), ausência de hierarquia entre os temas da agenda internacional, diminuição do papel do uso da força – teve grande impacto, principalmente, a partir dos anos 1990, no sentido de evidenciar as limitações de um entendimento da política internacional focado na centralidade do Estado unitário e racional e na suposta anarquia competitiva do sistema internacional.

No fim dos anos 1980, a intenção de alguns autores de estudar a origem das preferências dos Estados reposicionou as abordagens liberais no debate teórico. Com isso, o papel dos atores sociais foi examinado em pesquisas sobre a opinião pública e a sociedade civil e em estudos sobre como a estrutura dos Estados possibilita ou restringe o acesso dos atores sociais à política externa. O professor Andrew Moravcsik, em esforço de síntese do que seriam os elementos definidores de uma abordagem liberal de relações internacionais, destacou que um deles seria o foco na primazia dos atores sociais.

Apesar disso, na maior parte dos trabalhos de matriz liberal que buscam analisar as preferências dos Estados, a ênfase recai sobre aspectos institucionais, de preferências individuais, que as agregam; menos atenção é dedicada à forma de inserção particular dos atores sociais. Um exemplo são as pesquisas sobre paz democrática. Nela, não há maior sofisticação sobre os aspectos subjacentes que traduzem os constrangimentos institucionais e a atuação dos atores sociais. Por isso, alguns autores de APE consideram que o liberalismo articulou pouco a questão de como e em que situações os atores sociais importam. Isso resultaria do fato de grande parte das abordagens liberais partirem da noção de racionalidade e derivarem a preferência dos atores sociais de seus interesses econômicos. Não seria, portanto, coincidência o foco de a maioria dos estudos dessa tradição voltar-se a negociações econômicas internacionais.

As perspectivas construtivistas, que alcançaram maior projeção no debate teórico a partir do fim dos anos 1980, não tinham nos atores sociais um foco de análise específico. As contribuições seminais, como os trabalhos de Alexander Wendt, direta ou indiretamente trabalhavam com o pressuposto analítico de Estado unitário e enfatizavam a centralidade de aspectos estruturais. Do ponto de vista da explicação da política externa, elas destacam o papel de condições intersubjetivas que moldam a visão do mundo e que socializam os Estados. Nessa perspectiva, os atores sociais teriam papel relevante na promoção de normas e na difusão de conhecimentos.

Embora a consideração de aspectos ideacionais e da cultura aponte afinidades entre o construtivismo e a APE, a concepção da dimensão social é relativamente diferente entre as duas abordagens, principalmente pelo fato de a APE enfatizar a capacidade de mobilização de recursos por parte dos atores da política externa, ao passo que o construtivismo atribui maior peso às dimensões estruturais. Outra diferença é que os autores construtivistas tendem a presumir uma conexão mais direta entre a cultura e a identidade da opinião pública e a das elites mais diretamente ligadas ao processo decisório de política externa, assim, entendem que existiria predominantemente uma única identidade nacional compartilhada pelas massas e pelas elites. Esses pressupostos são problematizados nos estudos de APE, com pesquisas sobre identidades contestadas, conflitos de ideias e a utilização instrumental de normas e identidades no processo decisório e na construção dos discursos de política externa. As abordagens de *role theory*, que estudamos no capítulo "Níveis de análise e o papel psicológico", fazem uma síntese interessante da articulação dessas questões na perspectiva do construtivismo e da APE.

De inspiração nas abordagens construtivistas, na medida em que ressaltam a relevância de normas, e adotando o entendimento de que os Estados se preocupam com a forma como suas ações são vistas por outros atores e com a questão da legitimidade, Margaret Keck e Kathryn Sikkink publicaram, em 1998, livro evidenciando como a participação em redes transnacionais pode ampliar os recursos políticos de atores sociais domésticos. O foco da pesquisa das autoras é nas redes transnacionais de *advocacy* (defesa de causas), formadas com base em princípios, ideias e valores compartilhados. Essas redes atuam simultaneamente nos âmbitos doméstico e internacional, sendo formadas por atores como organizações não governamentais nacionais e internacionais, fundações, mídia, igrejas, sindicatos, organizações de consumidores, organizações intergovernamentais e membros do poder Executivo e/ou Legislativo. Um ponto central dessa abordagem é justamente a capacidade de agência dos atores sociais para a definição de estratégias e busca de apoios.

Uma rede transnacional de *advocacy* permite a troca de informações e a formulação de estratégias políticas para superar obstáculos, por exemplo, através da busca de aliados no âmbito internacional para pressionar externamente o Estado. Ao contrário das abordagens liberais, que tendem a focar na dimensão econômica e no pressuposto da racionalidade, as de matriz construtivista enfatizam a dimensão de ideias, identidades e legitimidade. A maior parte das pesquisas empíricas que utilizam o arcabouço elaborado por Margaret Keck e Kathryn Sikkink têm como foco temas sociais, como direitos humanos e meio ambiente.

No Brasil, há trabalhos interessantes que utilizam o modelo de rede transnacional de *advocacy* para analisar casos como o processo que levou à Lei Maria da Penha, mencionado anteriormente na seção sobre Judiciário. Isso, no entanto, é uma preocupação mais recente do ponto de vista teórico. Até o fim dos anos 1990, havia predominância de conceitos como "autonomia", "universalismo" e "potência média", e temas como influência da hegemonia americana, o papel da diplomacia profissional, a estrutura do regime militar e a democratização.

Foi principalmente no âmbito das pesquisas deste último tópico que se aprofundou o interesse no tema dos atores sociais. Podemos dizer que, nos anos 1990, houve maior foco na atuação dos atores sociais na política externa em decorrência da criação de uma série de Conselhos e Conferências de Políticas Públicas. É possível mencionar como exemplos os comitês nacionais preparatórios para subsidiar a participação do Brasil nas Conferências da ONU dos anos 1990 e a agenda das negociações em torno da Alca entre 1994 e 2005. Do mesmo modo, observam-se desenvolvimentos importantes no Mercosul, como a formação da Reunião Especializada sobre Agricultura Familiar (Reaf), em 2004, a realização das Cúpulas Sociais, a partir de 2006 (até 2015), a formação do Instituto de Políticas Públicas e Direitos Humanos (IPPDH), em 2009, e a aprovação do Plano Estratégico de Ação Social (PEAS), em 2011, instâncias que contribuíram para a ampliação expressiva das interfaces com atores sociais.

Pode-se dizer que o fenômeno da participação dos atores sociais, no atual estágio da disciplina de APE, já esteja mapeado em muitas áreas. Carecemos, contudo, de uma agenda de pesquisa envolvendo temas transversais e estudos mais generalizáveis, que testem e ampliem conclusões de nichos específicos da política externa e comparem o Brasil com outros países.

Métodos, previsão e influência

Em 1958, o Ministério das Relações Exteriores (Itamaraty) decidiu usar um computador para projetar a configuração de poder econômico global futura e, assim, ter mais um elemento para auxiliar a tomada de decisão sobre a política externa brasileira – um esforço não distinto daquele realizado na área acadêmica de relações internacionais. A iniciativa chegou a uma conclusão de que a União Soviética ultrapassaria os Estados Unidos em capacidade econômica e subsidiou os argumentos favoráveis ao reatamento das relações econômicas e diplomáticas entre o Brasil e a União Soviética.

Hoje, contudo, sabemos que a economia soviética sofria de problemas estruturais graves e que muito do seu crescimento era, na verdade, uma rápida reposição da destruição ocasionada pela Segunda Guerra Mundial. Projetar o passado para o futuro de forma mecânica, portanto, mesmo usando modelos matemáticos, não é a forma mais adequada de se tentar compreender o futuro e, assim, ajustar ou não a política externa. Esse é só um exemplo de um campo minado de práticas na disciplina. Podemos nos confortar, no entanto, com o fato de termos, desde a década de 1990, grande preocupação na avaliação metodológica da atividade de pesquisa na APE.

Este capítulo usará esse esforço para apresentar o que se pode considerar como boas práticas. Já apresentamos alguns problemas existentes na interação das estruturas burocráticas do governo, na ação de pequenos grupos e no âmbito psicológico do decisor. Aqui, examinaremos o que a literatura aponta como problemas dos analistas e não necessariamente de quem está envolvido nas decisões. Não apresentaremos uma receita, mas indicaremos evidências da literatura sobre precisão analítica. A segunda parte do capítulo examinará a dimensão metodológica em si, tema relevante para aprimorar nossos esforços de análise. Por fim, apresentaremos um tópico ainda pouco desenvolvido na área de APE: como influenciar a política externa.

O ANALISTA E O ESFORÇO PREDITIVO

O esforço para ser um melhor analista de política externa não se aplica só a pessoas que desejam ser acadêmicas. As considerações que apresentaremos a seguir são relevantes para quase toda atividade, mesmo aquelas pouco internacionalizadas, e para a formação de uma consciência cidadã voltada para o acompanhamento das atividades governamentais em uma democracia. Salientamos, sobretudo, que ser um melhor analista não necessariamente depende de ter maior conhecimento sobre um determinado assunto. Há outras dimensões igualmente importantes decorrentes de nossa natureza cognitiva, que nos predispõem a atalhos e erros na forma como formamos nossas crenças e processamos novas informações.

Para analisar essa questão, nossa primeira parada é a Universidade da Pensilvânia, onde o canadense Philip Tetlock trabalha. Atuando na fronteira entre a Ciência Política e a Psicologia, ele iniciou sua carreira estudando, entre outros assuntos, as perspectivas comportamentais sobre a guerra nuclear, a dinâmica psicológica de conflitos internacionais, a relação entre estilo cognitivo e ideologia e, na década de 1980, como prever a política externa soviética. Um dos fatos que mais o intrigou foi a ausência de predição correta de muitos eventos da política internacional por parte de especialistas. Para ele, o adequado estudo da atividade de análise e predição dependeria de estudo sistemático, padronizado e com número suficiente de participantes para identificar quais variáveis cognitivas ou de outra natureza possibilitam melhor precisão. O que Tetlock desejava, acima de tudo, era sistematicamente responsabilizar analistas pelas suas afirmações, usando para isso métodos de análise com elevado grau de consenso na academia.

Idealmente, ele precisava de um laboratório para testar como especialistas e leigos examinam a realidade internacional, que tipo de informações usam e qual o nível de acerto para respostas a determinadas perguntas. Foi nesse contexto que ele criou uma espécie de torneio, que funcionou de 1984 a 2003 com quase três centenas de pessoas e milhares de perguntas sobre o futuro, dados que depois eram confrontados com a realidade. A conclusão, publicada em 2005, foi chocante: os especialistas eram terrivelmente equivocados em seus diagnósticos e previsões, especialmente os mais famosos, que escreviam em jornais e apareciam em programas de TV.

A pesquisa apresentou uma trágica situação. Primeiro, havia um problema de autoconfiança. Os participantes tendiam a ser excessivamente seguros sobre como o conhecimento que detinham em uma área especializada era útil para lidar com situações distintas. Segundo, da mesma forma que pessoas leigas, os especialistas tinham dificuldades em ajustar suas respectivas crenças quando estavam errados. Terceiro, os participantes eram mais rígidos ao avaliar evidências que contradiziam suas próprias crenças ou análises e mais flexíveis com aquelas que convergiam com suas predisposições. Quarto, após determinado evento, acreditavam terem sido mais precisos na predição do que efetivamente foram.

Tetlock criou, então, uma tipologia dividindo os participantes do experimento em dois grupos, utilizando uma divisão conceitual existente desde a Grécia Antiga, mas popularizada pelo ensaísta Isaiah Berlin – ouriços e raposas. O ouriço tenderia a ser apegado a uma visão de mundo e não vê problemas em oferecer previsões de longo prazo, mesmo quando tem escassa evidência para embasar suas conclusões. O conhecimento especializado criaria excessiva confiança e o deixaria menos avesso à ambiguidade e à complexidade do mundo. A própria formação da disciplina de Ciências Sociais cria essa predisposição. O campo nasceu com a ambição de descobrir regras subjacentes explicativas da realidade por intermédio de fórmulas parcimoniosas com número limitado de variáveis em conhecimento segmentado.

As raposas são geralmente céticas sobre abordagens dedutivas ou deterministas para compreender a realidade, combinando ideias não convergentes e usando cenários alternativos. Não se deve considerar que pessoas enquadradas nesse grupo são neutras. Elas, na verdade, têm suas predileções ideológicas. O que as diferencia é um perfil mais vigilante sobre como suas crenças podem enviesar a forma como analisam o mundo. De maneira geral, Tetlock valoriza as raposas, ainda que apresente vários cenários em que ouriços são mais precisos e melhor analistas. Raposas, no entanto, não são encontradas de forma mais frequente em jornais ou na televisão analisando eventos correntes. Esses ambientes privilegiam personalidades com visões menos complexas da realidade em linguagem pouco ambivalente, ou seja, mais próximas do tipo ideal dos ouriços.

Em 2005, Tetlock voltou-se para novo problema de pesquisa. Ainda que tenha chegado à conclusão da péssima qualidade de analistas com alto grau de formação educacional, especialização e experiência, seu levantamento identificou um pequeno nicho de pessoas de excelência na análise preditiva. Sua pergunta seguinte de pesquisa foi tentar compreender se havia atributos comuns explicando a qualidade desses analistas. Nesse esforço, contou com grande volume de recursos do setor de inteligência do governo americano para criar um novo torneio, o *Good Judgment Project*, que em pouco mais de quatro anos fez quase cinco centenas de perguntas, muitas delas sobre política externa, avaliando os participantes com questionários e entrevistas para compreender a forma como pensam, coletam informações e mudam suas crenças.

São muitas as conclusões do estudo, a maioria convergente com as da pesquisa anterior. Primeiro, somos rápidos para chegar a conclusões e devagar para mudá-las, mesmo quando temos informações contrárias. Isso decorre de um problema denominado "perseverança das crenças", que reflete a dificuldade que temos de abandonar um conjunto de convicções e decorre mais da nossa identidade do que da atividade de aprender fatos, avaliá-los e formar julgamentos. O projeto indicou, contudo, que tão grave como não ajustar suas crenças é mudá-las de forma radical.

Segundo, avaliações intuitivas tendem a ser insensíveis com relação à qualidade da evidência. Nesse caso, o estudo aponta a recomendação de sempre questionar qual tipo de evidência teria de ser oferecida para convencer-nos de que estamos errados. Isso lida com um dos problemas de análise, denominado "viés de confirmação". Raramente procuramos evidências para contradizer nossas conclusões e, quando aparecem, tendemos a ser céticos sobre sua capacidade de nos mostrar equivocados. Para contornar esse problema, a pesquisa indicou que devemos sempre nos autoavaliar – para aprender com as falhas, precisamos *saber* quando nós falhamos, afirmou Tetlock.

Outro aspecto relevante é a conclusão de que os melhores analistas são aqueles familiarizados com métodos quantitativos. A razão não tem a ver com os números em si, mas com o fato de que isso permite melhor raciocínio probabilístico na ponderação de informações e hipóteses. Pessoas com essas características tendem a ser mais cautelosas, no sentido de sempre ter em mente a incerteza do mundo e sua complexidade. Seriam, geralmente, intelectualmente curiosas, abertas a testar suas próprias opiniões e a revisá-las; pragmáticas, no sentido de não estarem abraçadas a uma agenda ou ideia; dispostas a se colocarem na visão de outras, particularmente daquelas com opiniões divergentes; e sensíveis à tese de que são imperfeitas em decorrência de armadilhas cognitivas e vieses emocionais.

O torneio novamente reforçou o que a disciplina de Psicologia nas últimas décadas tem indicado: o ser humano está longe de ser o ator racional que modelos explicativos das ciências sociais, inclusive a APE, utilizavam até pouco tempo. Temos muitas características cognitivas decorrentes de milhares de anos de evolução para lidar com ambientes em que decisões rápidas deveriam ser tomadas. Nossas mentes são, em particular, programadas para buscar coerência e certeza, o que nos leva a crer que o passado, o presente e o futuro são mais previsíveis do que realmente são. O projeto de Tetlock se transformou em uma plataforma permanente e você, leitor, pode afiar sua capacidade analítica no site, em http://www.gjopen.com (plataforma em inglês).

O ACADÊMICO E SEU MÉTODO

Nossa discussão, até o momento, lidou com aspectos inerentemente psicológicos para indicar ao leitor o que a pesquisa científica tem apresentado até o momento como características de um bom analista. Igualmente importante é o uso adequado da metodologia científica – como estudar e produzir conhecimento no campo da APE. Essa discussão faz parte de um complexo debate sobre o campo da epistemologia, que não apresentaremos nesta obra. O nosso objetivo, aqui, é instrumental. Partimos da premissa de que a comunidade acadêmica trabalha dentro de uma tradição (neopositivista) e vamos apresentar algumas orientações práticas gerais sobre o assunto.

Essas não são questões arcanas. O que se observa, muitas vezes, é que estudantes definem perguntas de forma inadequada, escolhem casos dissociados das hipóteses delimitadas e apresentam inferências sem relação com a evidência apresentada. Isso decorre, muitas vezes, de problemas no desenho de pesquisa. Para lidar com essa questão, vamos focar em três aspectos: como fazer perguntas, escolher casos e utilizar evidências.

A cientista política Barbara Geddes trata dessas três dimensões, e é com ela que vamos prosseguir. Na escolha da pergunta, essa autora indica que a curiosidade, a indignação ou a paixão por um tema deve ter um peso na forma como escolhemos nosso objeto de estudo. Assim, a preocupação com os direitos humanos ou a nossa curiosidade sobre como regimes políticos afetam a política externa podem direcionar nossa atenção para esses temas. Contudo, mesmo que o início da pesquisa tenha se originado na subjetividade pessoal, a metodologia científica busca, nas fases posteriores, viabilizar resultados robustos e convincentes.

Uma questão central é que a área de APE não se confunde com a disciplina de História. A preocupação não é com a narrativa em si (o que aconteceu), e sim com processos subjacentes, especialmente a relação de variáveis em uma dimensão teórica mais ampla. Assim, não basta relatar a transmigração da família real portuguesa em 1807 ou apresentar os resultados do estudo do Itamaraty sobre a perspectiva futura da economia nacional. O importante, na disciplina de APE, é a relação entre classes mais abstratas de fenômenos, por exemplo: países autoritários tendem a se alinhar internacionalmente com países de regime semelhantes? O aumento de laços econômicos entre dois países diminui a probabilidade de eles entrarem em conflito? A disciplina de APE lida com casos concretos do ponto de vista quantitativo e qualitativo para responder essas perguntas de caráter mais geral.

Grande parte dos trabalhos da área dedicam-se à construção teórica ou sua aplicação usando o método de estudos de caso, e muitas das teorias criadas na disciplina são intimamente ligadas ao estudo de caso no qual foram criadas ou exemplificadas. Irving Janis, por exemplo, usou a invasão da Baía dos Porcos e a Guerra do Vietnã para compreender o conceito de *groupthink*; já a teoria de política burocrática apresentada no capítulo "Análise do processo decisório" ganhou grande impulso com o caso da Crise dos Mísseis apresentado pelo acadêmico de Harvard Graham Allison.

Há grande debate sobre o que constitui um estudo de caso, como usar a metodologia, de que maneira as conclusões sobre um caso específico podem ou não ser generalizadas para outros contextos, e como gerar explicações em uma tradição mais positivista de causalidade e inferência. Ele é quase sempre usado quando temos um baixo número de observações e é amplamente utilizado nas ciências sociais, da Antropologia à Ciência Política.

Para alguns, um estudo de caso nada mais é do que uma descrição de um evento, como uma espécie de exame detalhado de episódios históricos. Nessa hipótese, haveria maior influência de abordagens interpretativas e etnográficas da Antropologia. Outros tendem a concebê-lo como análise de determinadas variáveis com o objetivo de identificar relações de causa e efeito potencialmente generalizáveis para outras classes de eventos. Nesta última opção, há geralmente um esforço maior na vinculação de estudos de casos na construção e no teste de teorias. As duas tradições têm grande influência na área de APE, apesar de haver nos periódicos mais influentes da área uma preferência pela segunda.

O estudante interessado na construção de estudos de caso deve estar ciente de que há um debate maior entre métodos quantitativos e qualitativos, com muitos representantes do primeiro grupo apresentando certa condescendência quanto ao uso de estudos de caso qualitativo para além da formação de hipóteses e dos primeiros estágios de uma investigação. Eles são céticos sobre a possibilidade de generalização a partir de só um caso, argumentam que há viés elevado de tendência à verificação de hipóteses iniciais e que o conhecimento teórico é mais importante do que o substantivo. Diante dessas críticas, se há um esforço de dialogar com a área majoritária, é importante que a pesquisa seja rigorosa do ponto de vista metodológico.

Quando se trata de estudos de caso, a escolha vem em primeiro lugar. Ao usarmos um caso para defender determinado argumento, devemos sempre questionar se ele é representativo. Deve-se, portanto, desconfiar se foi selecionado exatamente por ser convergente com a hipótese inicial do autor. Esse problema é disseminado, sendo denominado de "escolha de caso pela variável dependente". O que isso significa? Vamos supor que formulamos a hipótese de que regimes autoritários são propensos a romper relacionamentos diplomáticos. Isso envolve um argumento sobre o impacto do regime político de um Estado na política externa. Para estudar essa relação, vamos cogitar, para fins didáticos, que se escolham somente países autoritários como casos e realmente se identifique essa propensão de rompimento de relações bilaterais. Do ponto de vista metodológico, contudo, isso seria claramente insuficiente, pois não estudamos como essa relação se dá em países democráticos. Se identificarmos que democracias são igualmente propensas a romper relacionamento diplomático, haveria forte indício de que a natureza do regime seja variável irrelevante para explicar a propensão de um país romper relações diplomáticas.

Outro desafio dos estudos de caso é garantir que os escolhidos sejam representativos do grupo mais geral ao qual estão ligados. Vamos supor que se use o estudo conduzido em 1958 pelo Itamaraty, apresentado no início do capítulo, como caso para compreender a atividade de planejamento da instituição. Seria ele representativo? Esse tipo de reflexão deve ser ponderado com cuidado pelos pesquisadores. Muitas vezes, temos conhecimento de uma determinada situação exatamente por ser ela atípica – como o caso de 1958, quando o pioneirismo do uso de computadores estampou o trabalho de planejamento do Itamaraty em muitos jornais.

A disciplina de APE não opera no nível abstrato. Parte significativa dos esforços da área envolve o teste de teorias em casos específicos. Isso, naturalmente, implica a utilização de evidências que delimitam a adequação e o alcance de uma determinada teoria. Esse é o terceiro elemento examinado por Barbara Geddes. Sempre devemos questionar a base empírica utilizada na avaliação de qualquer estudo. Nem sempre é fácil. O desafio começa com o elemento cognitivo que apresentamos anteriormente – tendemos sempre a ignorar aspectos da realidade que não se encaixam em nossas predisposições teóricas. Uma das primeiras lições metodológicas para o analista com relação à evidência é que não estamos em um laboratório. Além de nossos próprios problemas cognitivos de análise, os atores envolvidos em nossos estudos são politicamente motivados. Uma segunda questão é a evidência empírica que sobrevive, pois indivíduos e instituições tendem a preservar e perpetuar documentos que apresentam narrativas vitoriosas ou de um grupo específico. Eles têm, portanto, muitos interesses em criar imagens e narrativas que servem a propósitos específicos, tanto para iniciativas que conduzem no âmbito da atividade estatal quanto na forma como desejam ser apresentados na história. Essa característica nos deve deixar sempre em alerta, pois as palavras proferidas em entrevistas e em discursos, ou escritas em documentos oficiais ou publicações posteriores (memórias) não necessariamente demonstram as intenções dos decisores.

Como muitas ciências sociais, parte significativa da agenda de pesquisa examina o processo de mudanças. Isso, naturalmente, envolve algum tipo de comparação – entre Estados, entre períodos ou entre temas. O estudo sobre mudanças permite testar hipóteses sobre quais variáveis impactam a política externa, algo que pode ser detectado examinando, entre outros aspectos, objetivos, recursos e ações.

Com relação aos objetivos, por exemplo, os primeiros trabalhos da área conferiam elevada importância para a definição de interesse nacional de um Estado em sua política externa. Havia, desse modo, uma dimensão prescritiva de que a ação internacional deveria ser guiada por um conjunto de objetivos, entre eles a manutenção da integridade territorial e da segurança da população diante de ameaças externas. Do ponto de vista mais operacional, muitos focam na doutrina que sinalizaria um conjunto de crenças e princípios sobre oportunidades e ameaças no exterior, identidade nacional e objetivos de política externa.

O interesse nacional e as doutrinas podem condicionar crenças e percepções dos que atuam na política externa. Nas últimas décadas, no entanto, a área tem analisado com cuidado esses conceitos em decorrência da visão simplificada que oferecem e dos riscos de atribuírem explicações equivocadas a ações específicas. Do ponto de vista do conceito de interesse nacional, ele seria definido por quem? Em qual contexto e de qual forma? Ele representa uma aspiração das burocracias estatais ou de toda a população? Adicionalmente, muitos grupos de pressão, burocracias e indivíduos tentam projetar suas preferências particulares como o interesse nacional do Estado, em uma busca por elevar a legitimidade de suas demandas.

Do ponto de vista das doutrinas, há obstáculos equivalentes. Primeiro, porque política externa é guiada por múltiplos objetivos, alguns contraditórios. Segundo, por haver outros fatores explicativos relevantes, como apontamos nos capítulos anteriores. Terceiro, há uma clara diferença entre os objetivos apresentados por lideranças de forma pública em discursos e documentos e aqueles identificados na implementação. Quarto, elas pressupõem uma racionalidade inexistente.

Essas questões são visíveis no estudo da política externa brasileira. Muitos governos operacionalizam suas respectivas visões de interesse nacional e de doutrina de forma oficial em epítetos ou parâmetros apresentados em discursos oficiais, notadamente no início do governo. Assim, por exemplo, no governo Ernesto Geisel (1974-79), a política externa foi batizada de "pragmatismo responsável". Essas construções doutrinárias apresentam visões de mundo das autoridades governamentais e são muito importantes para compreender as crenças dessas autoridades. Isso, no entanto, não significa que a formulação e a implementação da política externa correspondem necessariamente a essas diretrizes. Muitas vezes, obstáculos burocráticos, conflitos entre objetivos táticos e obstáculos domésticos ou internacionais impedem que a intenção se converta em realidade.

Outro fator central na APE é a questão de recursos. Por muito tempo, a disciplina focou em indicadores tradicionais, como território, população, forças armadas, rede diplomática, forças materiais e elementos ideacionais, como a imagem internacional do país. Muitos pesquisadores desenvolveram metodologias específicas para mensurar e testar a relação dessas variáveis em temas centrais da disciplina de Relações Internacionais, como conflitos internacionais.

Um desses esforços foi o projeto Correlates of War (COW), iniciado em 1963 pelo cientista político David Singer na Universidade de Michigan. O COW agrega hoje várias bases de dados, como as de guerras civis, conflitos internacionais, população, produção de ferro e aço, alianças internacionais e distribuição de postos diplomáticos. John A. Vasquez foi um dos acadêmicos a utilizar esses dados em análises quantitativas. Segundo sua pesquisa, a principal causa da mudança de um estado pacífico para um conflito armado entre dois Estados é a disputa de território contíguo. Isso significa que a delimitação de fronteiras por via de negociação (ou seja, uma questão de recurso territorial) reduz significativamente a possibilidade de conflitos armados entre Estados.

A escolha por uma metodologia depende, entre outros fatores, de nosso objeto de estudo e de nossas perguntas de pesquisa. Há temas que podem ser examinados de vários enfoques metodológicos. Podemos examinar aqui, por exemplo, o tópico das emoções na APE, algo que apresentamos no capítulo "Níveis de análise e o papel psicológico". Como apontamos, é um conceito sem consenso na comunidade acadêmica. Isso decorre principalmente dos múltiplos métodos empregados – como experimentos, entrevistas e *surveys* de opinião pública. Não existe, portanto, um guia único e universal para toda a disciplina. O tipo de pergunta, as fontes disponíveis e a natureza do objeto indicam o acervo de possibilidades metodológicas potencialmente úteis.

Há uma série de pré-requisitos para garantir a qualidade e a validade das informações coletadas. O primeiro é ter um problema de pesquisa bem definido que possa ser respondido pelas entrevistas. O segundo é estar preparado, tendo realizado ampla leitura da bibliografia secundária e de outras fontes. O terceiro, definir se o entrevistado é relevante.

No campo da política externa, as entrevistas quase sempre são sobre eventos ocorridos no passado, quando sabemos os resultados das ações. As percepções e as crenças do entrevistado não equivalem necessariamente àquelas do momento estudado. Os interlocutores também têm a tendência de exagerar seu papel ou apresentar narrativas e interpretações, quase sempre inconscientemente, voltadas a valorizar suas opiniões e visões de mundo. Na condução das entrevistas, muitos optam por questionários padronizados de perguntas fechadas; outros, por questões abertas. Há, ainda, conversas não estruturadas. Deve-se ter em mente as obrigações éticas envolvendo o uso do material oferecido pelo entrevistado, em especial se foi dado consentimento explícito de citação. Por fim, o mais importante é realizar uma triangulação com entrevistas e outras fontes contemporâneas ao caso, como documentos oficiais ou artigos de jornal.

Uma das grandes dificuldades das entrevistas é saber até que ponto as opiniões de um determinado indivíduo ou grupo são amostras representativas das unidades de análise que estamos estudando. A disponibilidade para entrevista pode ser um mecanismo de autosseleção com grande potencial de enviesar a pesquisa – em decorrência, por exemplo, de estarem afastados do processo decisório ou terem laços de amizade com os entrevistadores.

Estudiosos treinados em técnicas de *surveys* são mais sensíveis a esse tipo de problema. A técnica era, até pouco tempo, proibitiva a pesquisadores sem apoio financeiro. A disponibilidade de questionários on-line e mecanismos de comunicação baratos como mensagens de texto e e-mail abriram oportunidades inéditas. Já há estudos robustos nessa área. Um deles é o levantamento de Carlos Milani e Magno Klein sobre a percepção da diplomacia brasileira acerca da cooperação Sul-Sul. Esses autores conduziram um *survey* com diplomatas brasileiros com amostragem próxima à distribuição da estrutura hierárquica da carreira.

O Instituto de Relações Internacionais da Universidade de São Paulo e o Centro Brasileiro de Análise e Planejamento (Cebrap), por sua vez, executaram um projeto mais amplo de pesquisa sobre opinião pública em política externa na América Latina com repetição a cada quadriênio – estudo liderado no Brasil por Maria Hermínia Tavares de Almeida e citado no capítulo "Novas dimensões" deste livro. Eles focaram tanto líderes, por intermédio de uma amostragem intencional, como a população em geral, neste caso uma amostragem probabilística com distribuição nacional estratificada. Pelos parâmetros metodológicos sofisticados, é possível realizar comparações robustas não só entre países como entre períodos distintos.

Do ponto de vista do uso de métodos quantitativos, há uma multiplicidade de abordagens. É importante que os pesquisadores tenham noções mínimas sobre inferência estatística, correlação, regressão, distribuições probabilísticas e métodos de amostragem. São, no entanto, poucos os programas de pós-graduação no Brasil que investem significativamente na capacitação de seus alunos nessas ferramentas.

Um dos primeiros estudos quantitativos de APE foi a contribuição de Wayne Selcher em 1978. Interessado em saber como o Brasil se comportava em relação a outros países, em termos multilaterais, ele optou por uma metodologia inovadora: o estudo do padrão de voto do país no Conselho de Segurança e na Assembleia Geral da ONU. Nesse último caso, ele calculou o nível de engajamento dos países em uma fórmula combinando o tamanho das delegações, a participação em comitês e a atuação na Assembleia Geral. O mais importante, contudo, foi o uso de quase cem votações em que comparou o Brasil com outros países. Nas décadas posteriores, a análise de votos da Assembleia Geral da ONU continuou a ser um método para compreender a política externa brasileira. Um dos mais recentes é o esforço de Octavio Amorim Neto, que foca principalmente na relação entre o Brasil e os Estados Unidos nessas votações.

O uso de dados de votações possibilita observações menos subjetivas e comparações temporais. O método, contudo, está longe de ser perfeito. A plausibilidade das conclusões de grande parte das perguntas de pesquisa depende da premissa de que o voto tem o mesmo significado ao longo do tempo, algo empiricamente complicado. Quando a ONU foi criada, em 1945, no contexto da Guerra Fria, havia maior variabilidade de tipos de votos (abstenção, ausência, sim e não). De 1946 a 1971, nunca a proporção de votos "não" do Brasil ficou abaixo de 10%, havendo vários anos alcançado mais de 25%. Após 1971, no entanto, praticamente se abandonou o uso do voto "não", tendo ocorrido uma migração para abstenções. Essa mudança do quadro parlamentar multilateral significa que há limitações da variável independente, para usar o jargão.

A aplicação de métodos quantitativos pode ser combinada com outras técnicas. Isso pode ser observado em um exemplo. Daniella Campello e Francisco Urdinez identificaram como choques comerciais decorrentes de súbitas mudanças do padrão do fluxo comercial do

Brasil com a China afetam a visão que os brasileiros têm sobre o país asiático. Eles usaram uma base de dados sobre como as relações comerciais afetam municípios, um *survey* com parlamentares, um *survey* com cidadãos por intermédio da contratação de uma firma especializada no método e, por fim, uma análise de conteúdo do discurso parlamentar usando um método de classificação manual de duplo cego.

Nessa linhagem de trabalhos com maior esforço em métodos quantitativos, Pietro Rodrigues, Francisco Urdinez e Amâncio de Oliveira elaboraram um *Foreign Policy Index* (FPI) de modo a captar o engajamento do Brasil com o mundo no período de 1998 a 2014, a partir da relação bilateral com 192 países. O FPI vai de 0 a 1 e, quanto maior o valor, maior seria a prioridade que o Brasil atribuiria a determinado país. As variáveis presentes no indicador são: exportações anuais, tratados bilaterais, mercado comum (participação como membro permanente do Mercosul), convergência em instituições financeiras internacionais, programas de cooperação, embaixadas, viagens internacionais do presidente, acordos inter-regionais, programas liderados pelo Ministério das Relações Exteriores, iniciativas de integração regional e votos na Assembleia Geral da ONU. O interessante dessa abordagem é que permite analisar prioridades e interesses não pelo discurso oficial (intenção e objetivos), mas por indicadores de ação mais efetivos (implementação).

Parte da política externa envolve o discurso como elemento retórico de sinalização de objetivos e prioridades. São muitas as metodologias nesse âmbito. Na área qualitativa, há a simples avaliação subjetiva do pesquisador, identificando características e diferenças. De maneira mais sofisticada, vindo do campo da Linguística, uma abordagem pós-estruturalista trabalha como uma epistemologia voltada para o reconhecimento de identidades socialmente construídas. Na área de métodos quantitativos, deve-se destacar a análise de conteúdo, que permite, pela análise da linguagem, a leitura, a inferência e a interpretação de grande volume de textos. Esse esforço geralmente parte da construção de bases de dados de pronunciamentos. Em alguns casos, criam-se manualmente categorizações com auxílios de softwares em unidades de contexto e de descrição de conteúdo. Em outros, utilizam-se metodologias mais mecanizadas de análise de similitude e nuvem de palavras que apresentam frequência de termos, permitindo o uso estatístico. Muitos trabalhos, por sua vez, tratam não do discurso oficial, mas da forma como a política externa é examinada pela imprensa. Utilizam-se, nesses casos, as mesmas metodologias.

Há desafios interpretativos no âmbito da análise do discurso. Talvez o maior seja a distinção analítica entre a retórica e a intenção. É perfeitamente plausível a existência de dissonância entre as palavras proferidas em discursos públicos e as reais intenções entre os decisores. Pode-se sempre dar prioridade, na retórica oficial, para alguma questão (por exemplo, proteção ao meio ambiente) por motivos táticos e, na realidade, implementar ações ou manter crenças no sentido contrário.

A metodologia adequada para analisar a política externa sob lentes teóricas que privilegiam abordagens psicológicas demanda material que permita aferir as crenças mais íntimas de decisores. Não é por outra razão que, no Brasil, existem poucos trabalhos nessa perspectiva. Recentemente, podemos destacar a contribuição de Álvaro Costa Silva sobre como as imagens e percepções dos ministros das Relações Exteriores Azeredo da Silveira e Saraiva Guerreiro sobre a Argentina afetaram a transição da política externa brasileira com relação ao país entre as décadas de 1970 e 1980.

COMO INFLUENCIAR A POLÍTICA EXTERNA?

No caso que apresentamos no início do capítulo, observamos que a atividade de análise da política externa não é prerrogativa somente de acadêmicos atuando na torre de marfim da academia. Na verdade, muito da reflexão de APE ocorre no contexto mais geral de choques para influenciar a política externa, ocasião em que o conhecimento é instrumentalizado para promover ideias e interesses.

Apesar de sempre ter existido, a reflexão sobre a influência de atores na política externa ganhou força na década de 1990, quando numeroso grupo de pesquisadores começou a examinar a ação de organismos não governamentais. Margaret Keck e Kathryn Sikkink, por exemplo, afirmaram que os interessados em mudar o comportamento dos Estados em determinada área devem saber identificar claramente um problema, especificar a sua causa e propor soluções visando a mudanças procedimentais, substantivas e normativas. As autoras apontam ser possível utilizar informação, ideias e estratégias de modo a alterar os valores e o contexto nos quais os Estados decidem suas políticas. Elas apresentam uma tipologia com quatro táticas importantes. A primeira, que denominam "informações políticas", é a habilidade de gerar informações com utilidade política e difundi-las onde possam ter impacto. A segunda, denominada "política simbólica", é a habilidade em utilizar símbolos e histórias persuasivas para uma audiência que muitas vezes está longe da situação em questão. A terceira é a "política de alavanca", a estratégia de buscar o apoio de atores poderosos para incidir em uma situação em que os membros mais fracos da rede têm pouca influência. Por fim, a quarta refere-se à política de responsabilização (*accountability*), a estratégia de fazer com que os atores poderosos mantenham coerência entre suas ações e os princípios que anunciam.

As autoras apontam que a influência deve ser avaliada a partir de diferentes níveis. Elas identificam os seguintes estágios ou tipos: 1) identificação de um problema e formação da agenda; 2) influência nos discursos dos Estados e das organizações internacionais; 3) influência nos procedimentos institucionais; 4) mudança na política dos "alvos", que podem ser Estados, organizações internacionais como o Banco Mundial ou atores privados; 5) influência no comportamento do Estado.

No Brasil, temos estudos de caso de temas específicos em que é possível detectar as estratégias de ação de atores e como elas fracassam ou são bem-sucedidas. O que leva alguns a serem mais bem-sucedidos do que outros depende de uma série de fatores, desde atributos pessoais e posições institucionais, até variáveis mais imponderáveis e contextuais.

Seria difícil, senão impossível, identificar uma fórmula geral aplicável a todas as instâncias em todos os momentos. Mesmo assim, considerando a literatura sobre outras políticas públicas, podemos apresentar algumas reflexões sobre o assunto.

Um aspecto inicial é que, na interação com atores sociais, os governos necessitam de informação e, acima de tudo, de legitimidade, o que ajuda a explicar muitas ações de burocratas. Como já observamos, eles, diversas vezes, interagem com atores sociais não necessariamente por uma profissão de fé nas virtudes da interação com a sociedade, mas em função de um cálculo político ou de uma necessidade específica. Reconhecer esse fato é um pré-requisito para aqueles que buscam influenciar o processo decisório.

A posição institucional que o ator social ocupa pode abrir muitas portas em termos de participação e influência. Nesse aspecto, assim como outros, há uma flagrante desigualdade. Um fazendeiro certamente será menos escutado ou convidado para dar sua opinião sobre a inserção internacional do país do que o presidente da Confederação Nacional da Agricultura (CNA). Isso, no entanto, é também determinado pelo tipo de assunto a ser tratado e o nível de esforço e ação dos atores sociais. O presidente da CNA certamente não será acionado para tratar de questões referentes ao regime de não proliferação nuclear; por outro lado, se o fazendeiro for um grande latifundiário da área de fronteira, com propriedades, por exemplo, no Paraguai, poderá exercer alguma influência na execução da diplomacia consular brasileira na região.

É possível estar em melhor posição para influenciar em decorrência das instituições às quais estão vinculados. Presidentes de associação de classe, como a CNA, parlamentares, ministros e lideranças empresariais têm acesso a melhores informações, controlam recursos e conseguem ser vistos como representantes de segmentos importantes da população de forma mais fácil se comparados com outros interlocutores sem tais vinculações.

O fato de nem todos poderem ser senadores, ministros e lideranças empresariais não deve desmotivar indivíduos com interesse em engajar-se na política externa. O ambiente da sociedade civil, mesmo em muitos regimes autoritários, permite a construção de associações, coalizões e movimentos com potencial de influenciar essa política pública. Um caso histórico importante é a atuação da feminista Bertha Lutz. Em 1919, ela fundou com outras mulheres a Liga para a Emancipação Intelectual da Mulher e, em 1922, a Federação Brasileira pelo Progresso Feminino. Ela observou que resoluções internacionais tinham grande poder de constranger moralmente a cultura patriarcal brasileira em que Lutz estava inserida, servindo de fonte de legitimidade para a luta pela igualdade de direitos no plano doméstico. Foi com base nessa constatação que ela ajudou a criar alianças com movimentos feministas de outros países. Esse ativismo ensejou sua nomeação para participar de delegações brasileiras a encontros regionais e multilaterais, o mais importante sendo a Conferência de São Francisco (1945), que criou a Organização das Nações Unidas.

Muitas vezes, no entanto, o conhecimento especializado é o elemento que permite a criação de um canal de comunicação com o processo decisório e uma influência efetiva. Isso é possível observar no caso da fundação e do funcionamento do Instituto de Estudos do Comércio e Negociações Internacionais (Icone) por um grupo de acadêmicos em 2003. Na época, o Brasil iniciava uma rápida expansão nos mercados internacionais agrícolas e, ao mesmo tempo, estava engajado em várias negociações econômicas. O Icone especializou-se em pesquisa de ponta em economia, algo que o governo brasileiro necessitava para lidar com seus parceiros no plano internacional. A janela de oportunidade de eventos externos, a falta de *expertise* no governo e a promoção desse conhecimento por um grupo de acadêmicos viabilizaram a influência da instituição.

Em Brasília, decisores não raro lidam com ativistas desinformados, sem conhecimento técnico adequado ou simplesmente defensores de causas inviáveis e setoriais. Para contornar essa situação, os atores da sociedade devem desenvolver capacidade técnica, construir redes de relacionamentos, saber como o subsistema da política pública funciona (quem está envolvido, como um assunto é examinado, qual informação é estratégica, como as decisões são tomadas, qual o vocabulário utilizado), como a imprensa e as redes sociais podem ser usadas, e participar ou acompanhar por longo tempo a arena decisória.

Não se deve se iludir sobre os custos humanos e financeiros de mobilização – eles são extremamente elevados. Poucos possuem recursos para pagar empresas de relações governamentais e escritórios de advocacia. Isso reforça a necessidade de alianças e coalizões. Empresários reúnem-se em associações de classe, trabalhadores em sindicatos e até unidades federativas como municípios estão reunidas na Confederação Nacional de Municípios, que por sinal é bem ativa em vários temas da agenda de política externa (como os referentes à faixa de fronteira). Deve-se considerar inclusive que, muitas vezes, adversários pontuais podem se aliar em agendas específicas, como é o caso da Coalizão Brasil Clima, Florestas e Agricultura, criada em 2020, agregando ambientalistas e ruralistas.

Felix Dodds e Michael Strauss, em um guia de *lobby* para ativistas sociais que desejam influenciar encontros multilaterais, redigiram um conjunto de dicas que cabe também no plano doméstico, com as devidas adaptações às situações particulares do Brasil: 1) Defina bem seus objetivos, particularmente os de longo prazo e os mais imediatos, alinhando suas ações de acordo com eles. Tenha certeza de que sejam claros para potenciais interlocutores; 2) Conheça bem como funciona o governo e adeque seus objetivos a essa realidade; 3) Saiba quem são os atores relevantes, especialmente o que os motiva e os constrange; 4) Compreenda bem o processo decisório, especialmente como uma questão entra na agenda governamental e é processada; 5) Tenha ciência sobre suas habilidades, recursos, ferramentas e limitações; 6) Saiba quem pode ser seu aliado dentro e fora do governo e atue para se aproximar dele. Isso é importante para amplificar sua voz, ganhar legitimidade e dividir custos; 7) Conheça seus adversários, especialmente os argumentos deles; 8) Saiba do seu potencial e dos seus limites. Mesmo ideias excepcionais em momentos auspiciosos fracassam; sem contar que a atuação em qualquer política pública envolve compromissos, redução de ambições e concessões a adversários.

Todos esses oito elementos poderiam ser desdobrados em um guia específico, propósito que foge aos objetivos deste livro. Devemos indicar, contudo, que a influência raramente é alcançada com a interação episódica. Estratégias vitoriosas dependem, além de os ativistas estarem bem posicionados institucionalmente, de que o exercício seja contínuo e cotidiano. A busca de influência no processo decisório envolve necessariamente o constante diálogo e, também, meios de monitoramento, de forma que a sociedade saiba como suas preferências estão sendo executadas. As ações, dessa maneira, devem ser iniciadas antes do processo negociador externo e nunca finalizadas quando os resultados são aprovados – como observamos no capítulo "Análise do processo decisório", a parte de implementação é igualmente importante.

A academia pode oferecer uma contribuição valiosa no esforço de criação de capacidade técnica, de formatação de coalizões e de ampliação do debate qualificado sobre política externa. Atualmente, a principal forma de comunicação dos resultados de pesquisas é mediante a publicação em revistas científicas, que têm público-alvo específico e que circulam predominantemente entre os especialistas da área. Boa parte do treinamento e da formação de recursos humanos em nível de pós-graduação está direcionada para esse objetivo, como aliás deve ser, e bons frutos têm sido colhidos. Contudo, a publicação de materiais acessíveis para um público mais amplo pode ser reforçada. A publicação em jornais e revistas de maior circulação ou de textos que tenham como público-alvo tomadores de decisão, além de ampliar a forma de comunicação da pesquisa e a sua ressonância no debate público, contribui para a formulação de novas agendas de pesquisa.

Muitos acadêmicos da área de APE também se especializam na atuação junto a veículos de imprensa e, mais recentemente, no uso de ferramentas de redes sociais, como Twitter e Facebook, que possibilitam imediata reverberação de ideias. Esses instrumentos são importantes para a formação da opinião pública e constituem ambiente essencial de exercício de manifestação de interesses na área de política externa.

Sugestões de leitura

A escolha de um conjunto de leituras para um estudante se aprofundar no tema esbarra na dificuldade da língua. A disciplina de APE é extremamente internacionalizada, com ampla bibliografia em língua inglesa. Isso é verdade inclusive para especialistas brasileiros no tema – eles cada vez mais publicam em periódicos no exterior. Para os que desejam estudar manuais mais avançados do ponto de vista teórico, os principais são o editado por Steve Smith, Tim Dunne e Amelia Hadfield, *Foreign Policy: Theories, Actors, Cases* (Oxford: Oxford University Press, 2008) e o redigido por Valerie Hudson, *Foreign Policy Analysis: Classic and Contemporary Theory* (Lanhan: Rowman & Littlefield Publishers, 2007). No Brasil, recomendamos o publicado por Leticia Pinheiro e Fernanda Nanci, *Análise de política externa: o que estudar e por quê?* (Curitiba: Intersaberes, 2020).

Ao longo do livro, utilizamos vários estudos de caso para exemplificar as teorias apresentadas. Na questão envolvendo Dom João VI, o contexto geral pode ser depreendido do livro de Patrick Wilcken,

Império à deriva: a corte portuguesa no Rio de Janeiro, 1808-1821 (Rio de Janeiro: Objetiva, 2005). A complexidade das tensões entre os conselheiros do rei é apresentada nas atas do Conselho de Estado compiladas por Enéas Martins Filho, *O Conselho de Estado português e a transmigração da família real em 1807* (Rio de Janeiro: Arquivo Nacional, 1968) e pelo clássico volume de Valentim Alexandre, *Os sentidos do Império: questão nacional e questão colonial na crise do Antigo Regime português* (Porto: Edições Afrontamento, 1993). Francisco Doratioto estudou a história bilateral entre Paraguai e Brasil no período que antecedeu a crise em *Relações Brasil-Paraguai: afastamento, tensões e reaproximação (1889-1954)* (Brasília: Funag, 2012), enquanto Luiz Eduardo Barros publicou um livro específico sobre a crise bilateral: *A diplomacia entre as quedas: o litígio fronteiriço entre Brasil e Paraguai que resultou na construção de Itaipu (1962-1966)* (Jundiaí: Paco Editorial, 2019). Tanto o caso do estudo do Itamaraty sobre a expansão econômica da União Soviética como o sobre a estação de lançamento de foguetes no município de Alcântara podem ser examinados respectivamente pela documentação disponível no Ministério das Relações Exteriores e no Congresso Nacional.

Há vários artigos sobre a evolução do estudo das Relações Internacionais no Brasil. Destacam-se os de Monica Herz, "O crescimento da área de relações internacionais no Brasil" *(Contexto Internacional,* v. 24, n. 1, 2002, pp. 7-40); Shiguenoli Miyamoto, "O ensino das relações internacionais no Brasil: problemas e perspectivas" (*Revista de Sociologia e Política*, v. 20, n. 1, 2003, pp. 103-114); e Norma Breda com Fúlvio Fonseca, "A pós-graduação em relações internacionais no Brasil" (*Contexto Internacional*, v. 31, n. 2, 2009, pp. 353-380). Sobre o tema específico de APE, a primeira análise da evolução do campo foi realizada por Mónica Salomón e Leticia Pinheiro "Análise de política externa e política externa brasileira: trajetória, desafios e possibilidades de um campo de estudos" (*Revista Brasileira de Política Internacional*, v. 56, n. 1, 2013, pp. 40-59). Mais recentemente, é extremamente pertinente o esforço de síntese realizado por Guilherme Casarões, "The evolution of foreign policy studies: four perspectives" (em Barry Ames, *Routledge Handbook of Brazilian Politics*. New York: Routledge, 2018, pp. 406-429).

O trabalho que iniciou a reflexão sobre a diplomacia profissional é a dissertação de mestrado de Zairo Cheibub, *Diplomacia, diplomatas e política externa: aspectos do processo de institucionalização do Itamaraty* (Rio de Janeiro, Instituto Universitário de Pesquisas do Rio de Janeiro, 1984). Os brasilianistas dedicaram-se à análise do processo decisório da política externa brasileira, como a tese de doutorado de Roger Fontaine, *The Foreign Policy-Making Process in Brazil* (Baltimore: The Johns Hopkins University, 1970) e o livro de Ronald Schneider, *Brazil: Foreign Policy Of A Future World Power* (Boulder: Westview Press, 1976).

A atuação de Roberto Simonsen e seu grupo de assessores pode ser examinada predominantemente nas publicações do Conselho Econômico da Confederação Nacional da Indústria após a Segunda Guerra Mundial. Sobre o papel do pensador romeno Mihail Manoilescu no Brasil, em especial sobre Simonsen, ver o clássico trabalho de Joseph Love *Crafting the Third World: Theorizing Underdevelopment in Rumania and Brazil* (Stanford: Stanford University Press, 1996). Sobre o papel dos militares, é pertinente examinar a obra de Shiguenoli Miyamoto, em particular "Os militares na política externa brasileira: 1964-1984" (*Estudos Históricos*, v. 6, n. 12, 1993, pp. 211-246).

O capítulo "Níveis de análise e o papel psicológico" inicia com o exame da obra de Kenneth Waltz, e o livro *Man, the State and War: a Theoretical Analysis* (New York: Columbia University Press, 2001 [1959]). Sobre o realismo tradicional, são inescapáveis dois livros de Hans Morgenthau, *Politics among Nations: the Struggle for Power and Peace* (New York: A. A. Knopf, 1978 [1948]) e *Scientific Man vs. Power Politics* (London: Latimer House, 1947). Sobre a área de psicologia política, ver o livro de Rose McDermott, *Political Psychology in International Relations* (Ann Arbor: The University of Michigan Press, 2004). Um resumo da obra de Lasswell na questão de liderança está disponível no quinto capítulo de *Revitalizing Political Psychology: the Legacy of Harold*

D. Lasswell (Mahwah, N.J./ London: Lawrence Erlbaum, 2005), obra de William Ascher e Barbara Hirschfelder-Ascher. Uma das melhores sínteses recentes sobre o estudo de emoções nas relações internacionais é o volume organizado por Mae Clement e Eric Sangar, *Researching Emotions in International Relations: Methodological Perspectives on the Emotional Turn* (New York: Palgrave, 2018). Sobre o nascimento da *role theory* é importante ver o estudo *Kalevi Holsti: a Pioneer in International Relations Theory, Foreign Policy Analysis, History of International Order, and Security Studies* (New York: Springer, 2016). A contribuição de Feliciano Guimarães procura aplicar essa teoria à política externa brasileira: "The uneasy 'well-placed' state: Brazil within Latin America and the West" (*Cambridge Review of International Affairs*, v. 33, n. 4, 2020, pp. 603-619).

O capítulo sobre análise do processo decisório trata de assuntos que são examinados nas obras clássicas de Graham T. Allison, *Essence of Decision: Explaining the Cuban Missile Crisis* (New York: Harper Collins, 1971) e Morton Halperin, *Bureaucratic Politics and Foreign Policy.* (Washington, D.C.: The Brookings Institution, 1974). Sobre a teoria poli-heurística, uma referência importante é o artigo de Alex Mintz, "How do leaders make decisions? A poliheuristic perspective" (*Journal of Conflict Resolution*, v. 48, n. 1, 2004, pp. 3-13). A implementação em política externa começou a ser estudado na década de 1980 e o livro organizado por Steve Smith e Michael Clarke continua sendo uma referência – *Foreign Policy Implementation and Foreign Policy Behavior* (London: George Allen & Unwin, 1985, pp. 1-10). Infelizmente, desde então a questão foi pouco desenvolvida pela literatura específica de APE. Então, para os que desejam se aprofundar, um bom começo são os vários manuais de análise de políticas públicas disponíveis no mercado.

O capítulo "Novas dimensões" trata de seis temas de APE – o papel do regime político, da estrutura federativa, do federalismo, do Judiciário, do Legislativo, da opinião pública e dos atores sociais na política externa. Cada um desses tópicos já conta com densa literatura. Sobre a questão dos efeitos do regime político, em especial a proposição da paz democrática e a particularidade de países autoritários, as melhores e mais atuais análises da literatura são publicadas em periódicos como o *Journal of Conflict Resolution*, o *International Security* e o *Journal of Peace Research*. Sobre a atuação internacional de cidades e estados no Brasil, o livro organizado por Tullo Vigevani, Marcelo Passini Mariano, Maria Inês Barreto e Luiz Eduardo Wanderley traz os resultados de uma das primeiras pesquisas sistemáticas sobre o tema desenvolvida no Brasil – *A dimensão subnacional e as relações internacionais* (São Paulo: Educ/Editora da Unesp/Edusc/Faés, 2004). O capítulo de Mónica Salomón, "A dimensão subnacional da política externa brasileira: determinantes, conteúdos e perspectivas", no livro organizado por Leticia Pinheiro e Carlos Milani, *Política externa brasileira: as práticas da política e a política das práticas* (Rio de Janeiro: Editora FGV, 2012) é referência igualmente importante. Esse livro, aliás, pode ser considerado o melhor guia para estudar os outros elementos examinados neste capítulo.

O capítulo "Métodos, previsão e influência" tratou de três temas não muito comuns em manuais e ementas de APE: a dimensão da predição, aspectos metodológicos e a questão da influência. No primeiro ponto, os dois trabalhos inescapáveis são os livros de Philip Tetlock, *Expert Political Judgment: How Good Is It? How Can We Know?* (Princeton: Princeton University Press, 2005) e *Superforecaster: the Art and Science of Prediction* (New York: Crown Publishers, 2015). A dimensão metodológica da disciplina é examinada em centenas de livros e artigos na literatura sobre o assunto. Para os que desejam se aprofundar na parte qualitativa, o livro de Barbara Geddes, *Paradigms and Sand Castles: Theory Building and Research Design in Comparative Politics* (Ann Arbor: University of Michigan Press, 2003), é muito útil e ainda pouco utilizado. Sobre estudos de caso, é oportuno o volume de Alexander George e Andrew Bennett, *Case Studies and Theory Development in the Social Sciences* (Cambridge, Mass.: MIT Press, 2005).

Bibliografia

ALEXANDRE, Valentim. *Os sentidos do Império*: questão nacional e questão colonial na crise do Antigo Regime português. Porto: Afrontamento, 1993.

ALLISON, Graham T.; ZELIKOW, Philip. *Essence of Decision*: explaining the cuban missile crisis. New York: Longman, 1999.

ALMEIDA, Maria Hermínia Tavares de; ONUKI, Janina, et al. *O Brasil, as Américas e o mundo segundo a opinião do público e dos líderes 2010/2011-2014/2015*. São Paulo: Instituto de Relações Internacionais da USP; Cebrap, 2016.

AMORIM NETO, Octavio. *De Dutra a Lula*: a condução e os determinantes da política externa brasileira. Rio de Janeiro: Elsevier, 2011.

ASCHER, William; HIRSCHFELDER-ASCHER, Barbara. *Revitalizing Political Psychology:* the legacy of Harold D. Lasswell. Mahwah, N.J/London: Lawrence Erlbaum, 2005.

BANDEIRA, Luiz Alberto Moniz. *Presença dos Estados Unidos no Brasil (dois séculos de história)*. Rio de Janeiro: Civilização Brasileira, 1973.

_____. *Brasil, Argentina e Estados Unidos*: conflito e integração na América do Sul (da Tríplice Aliança ao Mercosul, 1870-2003). Rio de Janeiro: Revan, 2003.

BARROS, Alexandre de S.C. The formulation and implementation of Brazilian foreign policy: Itamaraty and the new actors. In: MUÑOZ, Heraldo; TULCHIN, Joseph S. (org.). *Latin American Nations in World Politics*. Boulder: Westview Press, 1984, pp. 30-44.

BARROS, Luiz Eduardo Pinto. *A diplomacia entre as quedas*: o litígio fronteiriço entre Brasil e Paraguai que resultou na construção de Itaipu (1962-1966). Jundiaí: Paco, 2019.

BARROS, Sebastião do Rego. A execução da política externa brasileira: um balanço dos últimos 4 anos. *Revista Brasileira de Política Internacional*, v. 41, n. 2, pp. 18-28, 1998.

CALDAS, Ricardo Wahrendorff. *Brazil in the Uruguay Round of the GATT*: the evolution of Brazil's position in the Uruguay Round, with emphasis on the issue of services. Aldershot: Ashgate, 1998.

CAMARGO, Sônia. A integração do Cone Sul (1960-1990). In: ALBUQUERQUE, J.A.G. de (org.). *Sessenta anos de política externa – 1930-1990*. São Paulo: Cultura Editores Associados, 1996, pp. 141-74.

CAMPELLO, Daniela; URDINEZ, Francisco. Voter and legislator responses to localized trade shocks from China in Brazil [Online first]. *Comparative Political Studies*, v. 55, n. 1, pp. 1-32, 2020.
CASARÕES, Guilherme. The evolution of foreign policy studies: four perspectives. In: AMES, Barry (org.). *Routledge Handbook of Brazilian Politics*. New York: Routledge, 2018, pp. 406-29.
CHEIBUB, Zairo Borges. *Diplomacia, diplomatas e política externa*: aspectos do processo de institucionalização do Itamaraty. Rio de Janeiro, 1984. (Mestrado) – Instituto Universitário de Pesquisas do Rio de Janeiro (IUPERJ).
_____. Diplomacia e construção institucional: o Itamaraty em uma perspectiva histórica. *Dados*, v. 28, n. 1, pp. 113-31, 1985.
_____. "A carreira diplomática no Brasil: o processo de burocratização do Itamarati". *Revista de Administração Pública*, v. 23, n. 2, pp. 97-128, 1989.
CORONATO, Daniel Rei. *Diplomatas e estancieiros*: o Brasil e a busca pelo equilíbrio de poder no Prata (1828-1852). São Paulo, 2017. (Doutorado) – Universidade Estadual Paulista.
DODDS, Felix; STRAUSS, Michael. *How to Lobby at Intergovernmental Meetings*: mine's a caffe latte. London: Earthscan Publications, 2004.
DORATIOTO, Francisco. *Relações Brasil-Paraguai*: afastamento, tensões e reaproximação (1889-1954). Brasília: Funag, 2012.
FARIA, Carlos Aurélio Pimenta de et al. Coordenação intragovernamental para a implementação da política externa brasileira: o caso do Fórum IBAS. *Dados-Revista de Ciências Sociais*, v. 55, n. 1, 2012.
FERREIRA, Oliveiros S. Política externa e liberdade de manobra. *Política e Estratégia*, v. III, n. 1, pp. 70-95, 1985.
FONSECA JR., Gelson. Studies on international relations in Brazil: recent times (1950-80). *Millenium: Journal of International Studies*, v. 16, n. 2, pp. 273-80, 1987.
_____. *A legitimidade e outras questões internacionais*. São Paulo: Paz e Terra, 1998.
FONTAINE, Roger Warren. *The Foreign Policy-Making Process in Brazil*. 1970. (Ph. D.) – The Johns Hopkins University.
_____. *Brazil and the United States*: toward a maturing relationship. Washington, D.C. and Stanford: American Enterprise Institute for Public Policy Research and Hoover Institution on War, Revolution and Peace, 1977.
GEDDES, Barbara. *Paradigms and Sand Castles*: theory building and research design in comparative politics. Ann Arbor: University of Michigan Press, 2003.
GEORGE, Alexander L. The "operational code": A neglected approach to the study of political leaders and decision-making. *International Studies Quarterly*, v. 13, n. 2, pp. 190-222, 1969.
_____. *Bridging the Gap*: theory and practice in foreign policy. Washington, D.C.: United States Institute of Peace Press, 1993.
_____; GEORGE, Juliette L. *Woodrow Wilson and Colonel House*: a personality study. New York: Dover Publications, 1964.
_____; BENNETT, Andrew. *Case Studies and Theory Development in the Social Sciences*. Cambridge [Massachusetts]/London: MIT Press, 2005.
GONÇALVES, Fernanda Nanci; PINHEIRO, Letícia. *Análise de política externa*: o que estudar e por quê? Curitiba: Intersaberes, 2020.
GUIMARÃES, Feliciano de Sá. The uneasy 'well-placed' state: Brazil within Latin America and the West. *Cambridge Review of International Affairs*, v. 33, n. 4, pp. 603-19, 2020.
HAHNER, June E. *Emancipating the Female Sex*: the struggle for women's rights in Brazil, 1850-1940. Durham: Duke University Press, 1990.
HERMANN, Charles F. Comparing the foreign policy actions of nations. In: HERMANN, Charles F. (org.). *International Events and the Comparative Analysis of Foreign Policy*. Columbia, SC: University of South Carolina Press, 1975, pp. 145-58.
_____. Changing course: when governments choose to redirect foreign policy. *International Studies Quarterly*, v. 34, n. 1, pp. 3-211, 1990.
_____. et al. How decision units shape foreign policy behavior. In: HERMANN, Charles F., KEGLEY, C. W., et al (orgs.). *New Directions in the Study of Foreign Policy*. Boston: Allen and Unwin, 1987, pp. 309-38.
HERMANN, Margaret G.; PRESTON, Thomas, et al. Who leads matters: the effects of powerful individuals. *International Studies Review*, v. 3, n. 2, pp. 83-131, 2001.

HERZ, Monica. O crescimento da área de relações internacionais no Brasil. *Contexto Internacional*, v. 24, n. 1, pp. 7-40, 2002.

HIRST, Monica; LIMA, Maria Regina Soares de. Brazil as an intermediate state and regional power: action, choice and responsibilities. *International Affairs*, v. 82, n. 1, pp. 21-40, 2006.

HIRST, Mônica; PINHEIRO, Letícia. A política externa do Brasil em dois tempos. *Revista Brasileira de Política Internacional*, v. 38, n. 1, pp. 5-231, 1995.

_____. A política externa brasileira entre a Guerra Fria e o desenvolvimento: Horácio Lafer – 1959/61. In: LAFER, Celso; CARDIM, Carlos Henrique (orgs.). *Horácio Lafer*: democracia, desenvolvimento e política externa. Brasília: Funag/Ipri, 2002, pp. 35-72.

HOLSTI, Kalevi. *Kalevi Holsti*: a pioneer in international relations theory, foreign policy analysis, history of international order, and security studies. New York: Springer, 2016.

HOLSTI, Kalevi J. National role conceptions in the study of foreign policy. *International Studies Quarterly*, v. 14, n. 3, pp. 233-309, 1970.

HUDSON, Valerie M. *Foreign Policy Analysis*: classic and contemporary theory. Lanhan: Rowman & Littlefield Publishers, 2007.

_____. ; BLUMMER, Klaus (orgs.). *Foreign Policy Analysis beyond North America*. Boulder: Lyenne Rienner, 2015.

HURRELL, Andrew James. *The Quest for Autonomy*: the evolution of Brazil's role in the international system, 1964-1985. Oxford, 1986. (Ph.D.) – University of Oxford.

JAGUARIBE, Hélio. *Condições institucionais do desenvolvimento*. Rio de Janeiro: Instituto Superior de Estudos Brasileiros, 1958.

_____. A Nova República e a política exterior. *Política e Estratégia*, v. III, n. 1, pp. 9-23, 1985.

_____. O Iseb e a retomada do desenvolvimento nacional. In: GOMES, Ângela de Castro (org.). *Minas e os fundamentos do Brasil moderno*. Belo Horizonte: Editora UFMG, 2005, pp. 246-68.

JANIS, Irving L. *Groupthink*: psychological studies of policy decisions and fiascoes. Boston: Houghton Mifflin Company, 1982.

JERVIS, Robert. *Perception and Misperception in International Politics*. Princeton: Princeton University Press, 1976.

KECK, Margaret E.; SIKKINK, Kathryn. *Activists beyond Borders*: advocacy networks in international politics. Ithaca, N.Y.: Cornell University Press, 1998.

KEOHANE, Robert O. Multilateralism: an agenda for research. *International Journal*, v. XLV, n. 4, 1990, pp. 731-64.

KEOHANE, Robert O.; NYE, Joseph S. *Power and Interdependence*. 3. ed. New York: Longman, 2001 [1977].

KINGDON, John W. *Agendas, Alternatives, and Public Policies*. New York: Longman, 1995.

LAFER, Celso. A diplomacia brasileira e a nova República. *Política e Estratégia*, v. III, n. 1, pp. 24-34, 1985.

_____. Brazilian international Identity and Foreign Policy: Past, Present, and Future. *Daedalus*, v. 129, n. 2, pp. 207-38, 2000.

_____. *Relações internacionais, política externa e diplomacia brasileira – Pensamento e ação*. Brasília: Funag, 2018, v. 1.

LASSWELL, Harold D. *Psychopathology and Politics*. Chicago: Univ. of Chicago Press, 1930.

LIMA, Maria Regina Soares de. *The Political Economy of Brazilian Foreign Policy*: nuclear energy, trade, and Itaipu. Nashville, 1986. (Ph.D.) – Vanderbilt University.

_____. A política externa brasileira e os desafios da cooperação Sul-Sul. *Revista Brasileira de Política Internacional*, v. 48, n. 1, pp. 24-59, 2005.

_____. HIRST, Mônica. Crisis y toma de decisión en la política exterior brasileña: el programa de integración Argentina-Brasil y las negociaciones sobre la informática con Estados Unidos. In: RUSSELL, Roberto (org.). *Politica exterior y toma de decisiones en America Latina*. Buenos Aires: Grupo Editor Latinoamericano, 1990, pp. 61-110.

_____. LIMA JR., Olavo Brasil de. Autonomia organizacional e policentrismo decisório: a política de comércio exterior. In: LIMA JR., Olavo Brasil de; ABRANCHES, Sérgio Henrique (orgs.). *As origens da crise*: Estado autoritário e planejamento no Brasil. São Paulo: Editora Revista dos Tribunais, 1987, pp. 102-57.

LOPES, Dawisson B. A plausibilidade de uma gestão democrática da política externa: algumas hipóteses (insatisfatórias) sobre o caso brasileiro. *Cena Internacional*, v. 10, n. 2, pp. 98-118, 2008.

MAIA, Marrielle (org.). *Formação em relações internacionais no Brasil*: panorama dos cursos de graduação e perfil dos egressos. Belo Horizonte: PUC-Minas, 2020.

MARIANO, Karina L. Pasquariello; MARIANO, Marcelo Passini. A formulação da política externa brasileira e as novas lideranças políticas regionais. *Perspectivas*, v. 33, n. 1, pp. 99-135, 2008.

MARIANO, Marcelo Passini. *A política externa brasileira, o Itamaraty e o Mercosul*. Araraquara, 2007. (Doutorado) – Unesp.

MARTINS FILHO, Enéas. *O Conselho de Estado português e a transmigração da família real em 1807*. Rio de Janeiro: Arquivo Nacional, 1968.

MEARSHEIMER, John J.; WALT, Stephen M. *The Israel Lobby and U.S. Foreign Policy*. New York: Farrar, Straus and Giroux, 2007.

MELLO, Flávia de Campos. *O Brasil e o GATT*: análise da posição brasileira nas negociações comerciais multilaterais. Rio de Janeiro, 1992. (Mestrado) – Pontifícia Universidade Católica do Rio de Janeiro.

MERCHER, Leonardo; PEREIRA, Alexsandro Eugenio. Paradiplomacia como Política Externa e Política Pública: modelo de análise aplicado ao caso da cidade do Rio de Janeiro. *Carta Internacional*, v. 13, n. 2, pp. 195-222, 2018.

MILANI, Carlos R. S. Política Externa é Política Pública?. *Insight Inteligência*, v. XVIII, n. 56-75, 2015.

_____. et al. *Atlas da política externa brasileira*. Rio de Janeiro/Buenos Aires: EdUERJ/Clacso, 2015.

MILANI, Carlos R. S.; KLEIN, Magno. South-South cooperation and foreign policy: Challenges and dilemmas in the perception of Brazilian diplomats [Online first]. *International Relations*, v. 35, n. 2, pp. 277-98, 2020.

MINTZ, Alex. How do leaders make decisions? A poliheuristic perspective. *Journal of Conflict Resolution*, v. 48, n. 1, pp. 3-13, 2004.

_____. WAYNE, Carly. The polythink syndrome and elite group decision-making. *Political Psychology*, v. 37, n. 1, pp. 3-21, 2016.

MIYAMOTO, Shiguenoli. Geopolítica e política externa brasileira. In: *Anuário Anpocs – Ciências Sociais Hoje*. São Paulo: Cortez, 1987, pp. 143-61.

_____. O estudo das relações internacionais no Brasil: o estado da arte. *Revista de Sociologia e Política*, v. 12, n. 1, pp. 83-98, 1999.

_____. O ensino das relações internacionais no Brasil: problemas e perspectivas. *Revista de Sociologia e Política*, v. 20, n. 1, pp. 103-14, 2003.

_____. Política externa brasileira: 1964-1985. *Carta Internacional*, v. 8, n. 2, pp. 3-19, 2013.

_____. GONÇALVES, Williams da Silva. Militares, diplomatas e política externa no Brasil pós-64. In: ALBUQUERQUE, José A. G. de (org.). *Sessenta anos de política externa brasileira (Vol. 4)*. São Paulo: Anablume/Nupri/USP, 2000, pp. 173-214.

MORAVCSIK, Andrew. Introduction: integrating international and domestic theories of international bargaining. In: EVANS, Peter B.; JACOBSON, Harold K. et al (orgs.). *Double-Edge Diplomacy*: international bargaining and domestic politics. Los Angeles/Berkeley: University of California Press, 1993, pp. 3-42.

MOREIRA, Marcílio Marques. Uma nova política externa? *Política e Estratégia*, v. III, n. 1, pp. 35-52, 1985.

MOURA, Gerson. *Sucessos e ilusões*: relações internacionais do Brasil durante e após a Segunda Guerra Mundial. Rio de Janeiro: Editora da Fundação Getulio Vargas 1991.

_____. Avanços e recuos: a política exterior de JK. In: GOMES, Angela de Castro (org.). *O Brasil de JK*. Rio de Janeiro: Editora FGV, 2002, pp. 39-66.

PECEQUILO, Cristina Soreanu. Academia versus realidade: estagnação ou solidez? *Meridiano 47*, v. 18, pp. 1-17, 2017.

PINHEIRO, Leticia. *Política externa brasileira*. Rio de Janeiro: Jorge Zahar, 2004.

PINHEIRO, Leticia de Abreu. *Foreign Policy Decision-Making under the Geisel Government*: the President, the military and the foreign ministry. London, 1994. (Ph.D.) – London School of Economics and Political Science.

PINHEIRO, Leticia; VEDOVELI, Paula. Caminhos Cruzados: diplomatas e acadêmicos na construção do campo de estudos de Política Externa Brasileira. *Revista Política Hoje*, v. 21, n. 1, pp. 211-54, 2012.

RODRIGUES, Pietro et al. Measuring international engagement: systemic and domestic factors in Brazilian foreign policy from 1998 to 2014. *Foreign Policy Analysis*, v. 15, n. 3, pp. 370-91, 2019.

SALOMÓN, Mónica; PINHEIRO, Leticia. Análise de política externa e política externa brasileira: trajetória, desafios e possibilidades de um campo de estudos. *Revista Brasileira de Política Internacional*, v. 56, n. 1, pp. 40-59, 2013.

SCHATTSCHNEIDER, Elmer Eric. *Politics, Pressure and the Tariff*: a study of free private enterprise in pressure politics, as shown in the 1929-1930 revision of the tariff. New York: Prentice-Hall, Inc., 1935.

SCHNEIDER, Ronald M. *Brazil*: foreign policy of a future world power. Boulder: Westview Press, 1976.

SELCHER, Wayne A. *Brazil's Multilateral Relations*: between first and third worlds. Boulder, Colo.: Westview Press, 1978.

_____. *Brazil in the International System*: the rise of a middle power. Boulder, Colo.: Westview Press, 1981.

SILVA, Álvaro Costa. Diverse images, reverse strategies: Brazilian foreign ministers' perceptions and the Brazil-Argentina rapprochement (1974–1985). *Revista Brasileira de Política Internacional*, v. 63, n. 1, pp. 1-201, 2020.

SILVA, Golbery do Couto e. *Geopolítica do Brasil*. Rio de Janeiro: José Olympio, 1967.

SINGER, J. David. The Level-of-Analysis Problem in International Relations. *World Politics*, v. 14, n. 1, pp. 77-92, 1961.

SMITH, Steve; CLARKE, Michael. Foreign policy implementation and foreign policy behavior. In: SMITH, Steve; CLARKE, Michael (org.). *Foreign Policy Implementation*. London: George Allen & Unwin, pp. 1-10, 1985.

TETLOCK, Philip E. *Expert Political Judgment*: how good is it? How can we know? Princeton: Princeton University Press, 2005.

_____; GARDNER, Dan. *Superforecaster*: the art and science of prediction. New York: Crown Publishers, 2015.

VASQUEZ, John A. *The War Puzzle Revisited*. Cambridge, MA: Cambridge University Press, 2009.

VAZ, Alcides Costa. *Cooperação, integração e processo negociador*: a construção do Mercosul. Brasília: IBRI, 2002.

VIGEVANI, Tullo. *Questão nacional e política exterior – Um estudo de caso*: formulação da política internacional do Brasil e motivações da Força Expedicionária Brasileira (FEB). São Paulo, 1990. (Doutorado) – Universidade de São Paulo.

_____. *O contencioso Brasil X Estados Unidos da informática*: uma análise sobre formulação da política exterior. São Paulo: Alfa Omega e Editora da Universidade de São Paulo, 1995.

_____. Os militares e a política externa brasileira: interesses e ideologia. In: ALBUQUERQUE, José Augusto Guilhon de (org.). *Sessenta anos de política externa brasileira (1930-1990). Volume 1: crescimento, modernização e política externa*. São Paulo: Nupri/USP e Cultura Editores Associados, 1996, pp. 61-86.

_____. CEPALUNI, Gabriel. "Lula's foreign policy and the quest for autonomy through diversification". *Third World Quarterly*, v. 28, n. 7, pp. 1.309-26, 2007.

_____; OLIVEIRA, Marcelo F. de. Brazilian foreign policy in the Cardoso era: the search for autonomy through integration. *Latin American Perspectives*, v. 34, n. 5, pp. 58-80, 2007.

_____; _____ et al. Política externa no período FHC: a busca de autonomia pela integração. *Tempo Social*, v. 15, n. 2, pp. 31-61, 2003.

_____; THOMAZ, Laís Forti, et al. Pós-Graduação em Relações Internacionais no Brasil. Anotações sobre sua institucionalização. v. 31, n. 91, pp. 1-31, 2016.

WALTZ, Kenneth N. *Theory of International Politics*. New York: McGraw-Hill, 1979.

_____. *Man, the State and War*: a theoretical analysis. New York: Columbia University Press, 2001 [1959].

WEBER, Max. *Economy and Society*: an outline of interpretive sociology. Berkeley: University of California Press, 1978.

WENDT, Alexander. The agent-structure problem in international relations theory. *International Organization*, v. 41, n. 3, pp. 335-70, 1987.

_____. *Social Theory of International Politics*. Cambridge, UK/New York: Cambridge University Press, 1999.

WILCKEN, Patrick. *Império à deriva*: a corte portuguesa no Rio de Janeiro, *1808-1821*. Rio de Janeiro: Objetiva, 2005.

WROBEL, Paulo S. *Brazil, the Non-Proliferation Treaty and Latin America as a Nuclear Weapon-Free Zone*. Brasília: Funag, 2017.

Os autores

Haroldo Ramanzini Júnior, doutor em Ciência Política pela Universidade de São Paulo, é professor-associado da Universidade Federal de Uberlândia e do Programa de Pós-Graduação em Relações Internacionais da Universidade de Brasília. Foi pesquisador visitante na Universidade de Harvard, Estados Unidos, e é atualmente pesquisador sênior do Centro de Estudos Globais da Universidade de Brasília e pesquisador do Conselho Nacional de Desenvolvimento Científico e Tecnológico (CNPq).

Rogério de Souza Farias, doutor em Relações Internacionais pela Universidade de Brasília, é professor do Programa de Pós-Graduação em Relações Internacionais da Universidade de Brasília e pesquisador sênior do Centro de Estudos Globais da mesma universidade. Foi pesquisador visitante na Universidade de Chicago e na University of Illinois at Urbana-Champaign, Estados Unidos. Especialista em Políticas Públicas e Gestão Governamental do Ministério da Economia, atuou em vários órgãos federais.

GRÁFICA PAYM
Tel. [11] 4392-3344
paym@graficapaym.com.br